우리 집을 넓고 예쁘게
공간 디자인의 기술

Prologue ─────

예쁘고 안락한 공간에서
가족의 추억을 만드세요

집에 있는 시간이 늘면서 집 안을 새롭게 꾸미려는 사람들이 많아졌어요. 공간을 더 효율적으로 사용하고 더 편안하게 쉴 수 있는 집으로요. 우리가 인테리어를 하는 것은 예쁜 집에서 살고 싶어서만은 아니에요. 집은 기본 생활공간이고, 몸과 마음이 쉬는 휴식처이며, 가족의 스토리가 담기는 장소이기 때문이지요. 그래서 쾌적하고 편안하게 꾸미는 것이 중요합니다.

인테리어는 전문가에게 맡길 수도 있지만, 가족이 함께하는 보금자리인 만큼 직접 꾸며보면 어떨까요? 몇 가지 포인트만 알면 비용도 절약하면서 우리 집만의 멋진 인테리어가 완성됩니다.

이 책에서는 인테리어 방법을 3가지 주제로 나누어 자세히 소개하고 있어요. 신혼집을 꾸미거나 집을 이사하는 사람, 가구를 새로 구입하는 사람들을 위해 좋은 집을 구하는 방법과 가구 고르는 요령도 알려드려요. 인테리어를 직접 하고 싶어 하는 사람들에게 도움이 되었으면 합니다.

온 가족이 생각을 나누면서 같이 해보세요. 가족이 함께 고르고 꾸며서 추억이 고스란히 스며있는 집이라면 이 세상 어느 곳보다 행복한 공간이 될 거예요.

Contents

Prologue
예쁘고 안락한 공간에서 가족의 추억을 만드세요 … 4

이 책의 특징
① 인테리어 포인트가 한눈에 들어온다 … 10
② 3가지 포인트만 알면 멋진 인테리어가 완성된다 … 12
③ 가족이 함께하는 인테리어를 찾는다 … 14

Chapter 1
3단계 인테리어

Part 1 배치

배치를 할 때 꼭 알아두어야 할 것들 … 20
살기 편한 집의 기본은 배치다 … 22
 – 배치에 따라 생활의 질이 달라진다 … 24
'생활의 중심'을 정한다 … 26
 – 집에 대한 서로의 생각을 나눈다 … 28
'생활의 중심'은 4가지 유형이 있다 … 32
 – Kitchen 주방 중심의 라이프스타일 … 34
 – Dining room 식탁 중심의 라이프스타일 … 38
 – Sofa 소파 중심의 라이프스타일 … 42
 – Living room 거실 중심의 좌식 라이프스타일 … 46
신혼에는 혼자만의 공간을 만들지 않는다 … 50
 – 가족이 함께할 수 있는 공간을 만든다 … 52
침대를 놓을 땐 침실의 크기를 고려한다 … 54
 – 공간 활용을 고려해 침대를 배치한다 … 56
욕실과 주방의 배치를 계획한다 … 60
배치 계획을 마쳤다면 다음 단계로 … 64

Part 2 수납

수납을 위해 꼭 알아두어야 할 것들	68
수납 규칙을 만든다	70
– 수납을 잘하면 스트레스가 줄어든다	72
먼저 수납공간과 물건을 파악한다	74
– 집 안의 수납공간을 확인한다	76
– 수납공간을 구체적으로 체크한다	78
– 모든 물건의 수납 장소를 정해둔다	80
– 물건이 얼마나 되는지 체크한다	82
– 수납의 실제 사례	84
수납 1단계 | 물건을 모두 수납공간에 넣는다	88
– 꼭 지켜야 할 수납 포인트 4가지	90
– Step 1 집의 구조를 보면서 계획한다	92
– Step 2 필요 없는 물건은 미리 처분한다	96
– Step 3 수납은 현관에서부터 시작한다	98
– Step 4 붙박이장으로 부족하면 가구를 더 놓는다	102
수납 2단계 | 사용 빈도에 따라 수납 장소를 정한다	104
– 꺼내기 쉬운 순서대로 순위를 정한다	106
수납 3단계 | 수납용품을 사용해 꺼내 쓰기 편하게 한다	108
– 꺼내 쓰기 쉽게 정리하는 비결	112
수납을 끝냈다면 집 안을 예쁘게 꾸며볼까요?	114

Part 3 장식

장식을 할 때 꼭 알아두어야 할 것들	118
집에 멋을 더한다	120
– 인테리어에 포인트가 되는 소품들	122
따라 하고 싶은 인테리어 사진을 찾는다	124
– 사진 속 인테리어가 마음에 드는 이유를 찾는다	126
큰 것부터 작은 것 순으로 더해나간다	128
– 장식을 더하면서 분위기를 완성한다	130

원하는 분위기가 안 나오면 벽과 바닥을 체크한다	134
–인테리어 고민 상담 ①	136
–인테리어 고민 상담 ②	138
색깔은 통일감 있게 맞춘다	140
–배색에 대해 생각한다	142
–통일할 수 있는 것들을 찾는다	144
눈에 띄는 아이템으로 포인트를 준다	146
–평범한 소품도 크기나 색을 바꾸면 포인트가 된다	148
장식을 바꿔가며 인테리어에 변화를 준다	150
인테리어 장식, 바꿔가며 즐겨요	152

Chapter 2
집 구하기 & 가구 고르기

Part 1 집 구하기

집 구할 때 꼭 알아두어야 할 것들	158
좋은 집을 구하기 위해 기꺼이 발품을 판다	160
살게 될 동네를 미리 살펴본다	162
–살고 싶은 동네를 한번 걸어본다	164
–그 동네에서 살고 있는 모습을 그려본다	166
절대로 포기할 수 없는 조건을 정한다	168
–집에 대한 생각을 함께 이야기한다	170
–집을 볼 때 주의할 점	172
–조건에 맞는 집 찾는 요령	174
사전 조사는 철저히, 집 구경은 빠르게 ①	176
–생활하기 편리한 집인지 생각해본다	178
사전 조사는 철저히, 집 구경은 빠르게 ②	180
–집을 보러 갈 때는 이렇게	182
–꼼꼼히 체크하며 집을 보러 다닌다	184
마음에 드는 집을 발견하면 계약한다	186
집을 구했으면 이제 인테리어를 시작해요	188

Part 2 가구 고르기

가구를 고를 때 꼭 알아두어야 할 것들	192
가구는 가족의 스토리가 담기는 물건이다	194
– 가족이 더 가까워지는 가구들	196
– 필요성과 예산 등을 고려한다	198
– 우리 집에 필요한 가구를 체크한다	200
크기를 정확하게 잰다	202
– 크기를 잘못 재서 생기는 곤란한 일들	204
– 이사를 한다면 공간의 크기부터 파악한다	206
모양을 맞추면 서로 잘 어울린다	212
– 같은 콘셉트라도 모양이 다르면 느낌이 달라진다	214
– 가구의 모양을 맞춰 세팅한 인테리어 ①	216
– 가구의 모양을 맞춰 세팅한 인테리어 ②	218
– 가구의 모양을 맞춰 세팅한 인테리어 ③	220
– 가구의 모양을 맞춰 세팅한 인테리어 ④	222
다양한 가구점을 많이 가본다	224
– 가구점 순례를 해본다	226
가전제품도 중요한 인테리어 아이템이다	230
– 인테리어에 어울리는 가전제품 고르는 요령	232
우리 집에 딱 맞는 가구와 함께 가족의 추억을 만들어요	234

이 책의 특징 1

인테리어 포인트가 한눈에 들어온다

인테리어를 하려면 신경 써야 할 일이 한두 개가 아니다. 바쁜 일상 속에서 시간을 내기도 쉽지 않다. 하지만 가족이 함께하는 공간인 만큼 아무렇게나 살 수는 없다. 현명하고 요령 있게 예쁘고 살기 편한 집으로 꾸며보자.

너무 바빠서 인테리어에 신경 쓰지 못하는 사람이라도 이 책의 포인트만 참고하면 문제없다. 예를 들어 인테리어 장식을 할 때는 다음의 4가지만 명심하면 된다.

1. 따라 하고 싶은 인테리어 사진을 찾는다.
2. 큰 것부터 작은 것 순으로 더해나간다.
3. 색깔은 통일감 있게 맞춘다.
4. 눈에 띄는 아이템으로 포인트를 준다.

　이 4가지 포인트를 파악하고 나면 실패하거나 고민하는 시간이 줄어들고 나름대로 응용도 할 수 있게 된다.

　효율성만 따지다 보면 자신도 모르는 사이에 마음을 소홀히 하기 쉽다. 집이란 생활공간인 동시에 마음이 쉬는 곳이다. 생활의 효율을 극대화하는 동시에 몸과 마음이 진정한 휴식을 얻을 수 있는 공간을 만드는 것이 이 책이 지향하는 인테리어다.

이 책의 특징 2

3가지 포인트만 알면
멋진 인테리어가 완성된다

인테리어에 관심은 많지만, 직접 집을 꾸미려고 생각하면 엄두가 안 난다고들 한다. 3가지만 체크하면 된다. 이 책이 그 방법을 알려준다.

 인테리어를 잘하려면 '배치', '수납', '장식'의 3가지 요소가 필요하다. 집 구조에 따른 적절한 배치와 수납으로 생활 기반을 다진 뒤, 장식으로 눈을 즐겁게 만든다. 남다른 감각이나 특별한 기술이 없어도 요소별로 기준에 맞춰 하나씩 해나가면 전체적으로 정돈된 멋진 인테리어가 완성된다.

Point 1 배치

방을 어떻게 사용하고 물건들을 어디에 둘지 계획한다. 배치를 잘하면 공간을 효율적으로 활용하고 멋을 살릴 수 있다.

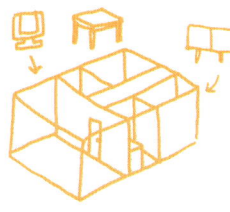

 Point 2 수납

공간과 용도에 맞춰 물건을 정리한다. 생활이 쾌적해지고, 공간과 시간 모두 여유가 생긴다.

 Point 3 장식

패브릭, 작은 가구, 소품 등을 하나씩 더해가며 집 안을 꾸민다. 전체 분위기가 업그레이드 된다.

이 책의 특징 3

가족이 함께하는 인테리어를 찾는다

집은 어떤 공간이어야 할까? 무엇보다 가족이 편안하게 지낼 수 있는 공간이어야 한다.

모든 집을 모델하우스나 인테리어 잡지에 소개된 집처럼 꾸밀 수는 없다. 하지만 인테리어에 관심이 없다고 해서 손 놓고 있는 것도 바람직하지 않다. 자신감을 갖고 우리 가족만의 인테리어를 시작한다.

가족이 함께 집 안을 꾸미다 보면 서로의 생각을 공유하는 즐거움을 느낄 수 있다. 주문한 그림이 도착했을 때나 인테리어가 생각했던 대로 완성되었을 때 그 기쁨을 함께 나눌 수 있다.

집 안을 멋지게 꾸미기 위해서는 패브릭이나 소품 가게를 찾으면 되지만, 집 안을 편안하게 만드는 것은 결국 가족이다. 이 책을 보면서 공간에 대해, 그리고 함께하는 행복에 대해 생각해보자.

Chapter 1

3단계 인테리어

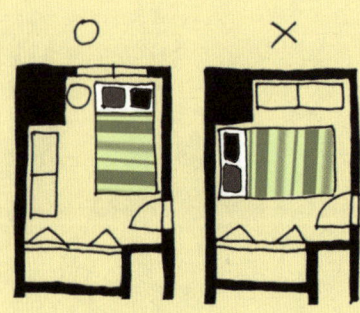

배치는 생활공간의 뼈대이고, 인테리어의 기본이다. 어떻게 배치하느냐에 따라 공간의 쓰임이 달라지고, 가족이 더 가까워질 수도, 소원해질 수도 있다. 활용도를 높이고 가족이 더 많은 이야기를 나눌 수 있는 공간으로 만든다.

Part 1
배치

수납
장식

배치를 할 때
꼭 알아두어야 할 것들

 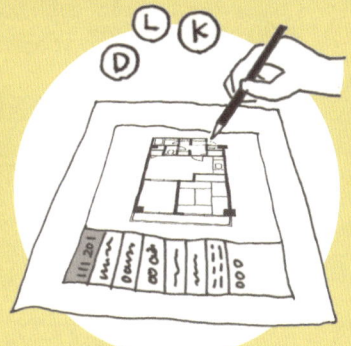

'생활의 중심'을 정한다

아빠는 주로 거실에서, 엄마는 주로 주방에서, 아이는 자기 방에서 생활한다면 공통의 화젯거리가 줄어들고 사이도 점점 멀어지게 될 것이다. 화기애애한 가족관계를 위해서는 가족이 함께 평범한 시간을 보내는 '생활의 중심'을 정하는 것이 좋다.

'생활의 중심'은 4가지 유형이 있다

'생활의 중심'은 주방, 식당, 거실 중 한 곳에 중점을 두어 설계한다. 가족의 라이프스타일에 따라 주방 중심, 식탁 중심, 소파 중심, 거실 중심의 좌식 4가지 유형으로 나눌 수 있다. 계획이 세워지면 적절한 배치로 여유를 더한다. 가구를 우선으로 배치한다.

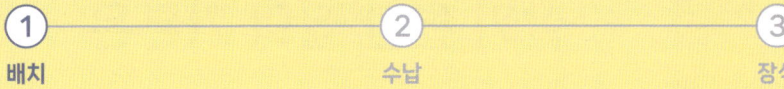

① 배치 ② 수납 ③ 장식

신혼에는 혼자만의 공간을
만들지 않는다

신혼이라면 서재나 작업실 등은 문을 떼어내 개방된 공간으로 만든다. 혼자만 쓰는 방을 만들면 부부간의 대화가 줄어들어 관계가 소원해질 수 있다.

침대를 놓을 땐
침실의 크기를 고려한다

침실은 쾌적한 수면을 도울 수 있게 꾸민다. 침대에 신경 쓴다고 방 안을 가득 채울 정도로 커다란 침대를 놓는 것은 바람직하지 않다. 방 크기를 고려해 적당한 크기의 침대를 놓는 것이 좋다. 방에 약간의 여유 공간을 두어 느긋하게 쉴 수 있는 환경을 만든다.

살기 편한 집의 기본은 배치다

인테리어를 하려면 먼저 해야 할 일이 있다. 바로 배치 계획을 세우는 일이다. 방을 어떻게 사용할지, 가구를 어디에 둘지 종이에 그려가며 계획을 짜본다. 이렇게 하면 공간을 낭비 없이 활용할 수 있고, 가구도 실패 없이 고를 수 있다. 배치가 좋으면 생활이 한층 더 쾌적하다.

배치에 따라 생활의 질이 달라진다

인테리어를 할 때 배치를 중시하는 이유가 뭘까? 가구 배치에 따라 가족 간에 주고받는 대화의 양이 달라지고, 생활의 질도 바뀌기 때문이다.
다음에 나오는 그림을 보자. ❶과 ❷는 의자의 방향만 바뀌었을 뿐인데 두 사람의 대화량은 크게 달라진다. 가구 배치에 따라 생긴 차이다. ❸과 같이 가족이 좋아하는 스타일을 반영하면 보다 안락한 환경을 만들 수 있다. 이처럼 가족의 취향을 더해가며 계획하는 것이 방 배치다.

❶ 가구 배치를 잘못하면 대화하기가 힘들다.

2 앉는 방향을 바꿨을 뿐인데 대화하기 편해졌다.

3 가족이 좋아하는 스타일을 반영하면
   보다 편안하게 지낼 수 있다.

'생활의 중심'을 정한다

배치 계획을 세울 때는 일단 '생활의 중심'을 어디로 할 것인지 정해야 한다. 생활의 중심이란 가족이 대화하며 편하게 쉴 수 있는 공간이다. 같은 집에 살면서도 각자 거실과 주방, 방에서 제 할 일만 한다면 가족 사이에 거리가 생기고 얼굴을 마주할 일이 줄어든다.

화목하고 따뜻한 가정을 만들기 위해서는 대화하는 시간이 많아야 한다. 가족 간에 대화가 많은 집에서는 늘 포근한 기운이 맴돈다. 가족이 대화를 나누는 화목한 공간이 생활의 중심이다. 집 안 어디서든 가족이 자연스럽게 마주 앉아 쉴 수 있는 공간 배치를 생각해보자.

생활의 중심을 정할 때 고려해야 할 것은 '좋아하는 자세'와 '가족이 함께 지내는 시간대'다. 소파에 앉거나 의자에 앉거나 바닥에 눕는 등 좋아하는 자세로 편하게 지낼 수 있는 장소를 생활의 중심으로 정하면, 가족이 함께 보내는 시간이 늘어나고 대화도 더 많아진다.

가족이 함께 지내는 시간대도 중요하다. 예를 들어 맞벌이 부부라서 평일에 같이 있을 시간이 거의 없다면 주방을 생활의 중심으로 정하는 것이 좋다. 요리하는 시간에 대화를 나눌 수 있기 때문이다.

가족이 대화하며 편하게 쉴 수 있는 공간을 생활의 중심으로 정한다.

집에 대한 서로의 생각을 나눈다

가족이 좋아하는 자세, 함께 지내는 시간대를 참고해 어떻게 생활하고 싶은지, 쉴 때는 무엇을 하고 싶은지 등을 자유롭게 이야기해본다. 원하는 조건을 서로 이야기하면서 방 배치에 적용해 나가는 것이다.

 Step 1 서로가 원하는 걸 이야기한다.

남편의 생각

느긋하게 스포츠 중계를 보고 싶다

주말에는 함께 술을 마시고 싶다

이런 대화를 통해 서로를 더 잘 알게 되고, 같은 방향을 보며 새로운 생활을 만들어나갈 수 있다. 앞으로 더 사이좋게 지내기 위해 가족이 모여 배치에 대해 이야기를 나눈다.

아내의 생각

웃음이 가득한 가정을 이루고 싶다

카페 분위기 나는 식탁을 놓고 싶다

Step
2 가족의 생각을 모은다.

다른 사람이 원하는 것들을 존중하면서 큰 방향을 정한다. 편하게 쉬려면 키가 작은 소파가 좋겠다는 등 가구에 대해서도 이야기한다.

Step
3 집의 구조를 고려해 상의한다.

집의 어느 장소에 '생활의 중심'을 만들면 좋을지, 공간의 크기와 구조를 고려해 상의한다

'생활의 중심'은 4가지 유형이 있다

다음으로 가족의 생활방식에 맞는 현실적인 구조 계획을 세운다. 먼저 '생활의 중심'의 무대가 되는 거실, 식당, 주방을 어떻게 활용할지 구체적으로 생각해본다. 가족의 라이프스타일에 따라 주방 중심, 식탁 중심, 소파 중심, 거실 중심의 좌식 4가지 유형으로 나뉜다.

'생활의 중심'의 4가지 유형

1 Kitchen
주방 중심 스타일 주방에서 요리와 식사를 한다.

2 Dining room
식탁 중심 스타일 식탁에서 식사와 휴식을 한다.

3 Sofa
소파 중심 스타일 식탁에서 식사하고, 거실에서 휴식한다.

4 Living room
거실 중심의 좌식 스타일 거실에서 식사와 휴식을 한다.

이 중에서 어느 것이 우리 가족에게 어울릴지 검토한다. 나의 경우는 원래 바닥에 앉아서 식사하는 것을 좋아하고, 밥을 먹고 난 뒤 뒹굴뒹굴하는 것을 즐긴다. 그래서 거실 중심의 좌식 스타일을 선택해 좌식 테이블을 두려고 했다. 그러나 식사를 하기에는 어수선해 보일 수 있을 것 같아 이 부분을 보완할 생각이다. 테이블을 세련된 색으로 고르고 테이블 주변도 깔끔하게 정리할 계획이다.

 특별히 어떤 유형이 좋거나 나쁘다고 할 수는 없고, 어느 것이든 장점과 주의해야 할 점이 있다. 정답을 찾으려 하지 말고 먼저 가족이 편안하게 느끼는 것에 대해 이야기해본다.

Kitchen 주방 중심의 라이프스타일

주방이 생활의 중심인 가정. 주방에서 요리하는 시간이 대화를 나누는 시간이 된다. 요리해서 바로 식사를 할 수 있도록 식사 공간까지 고려해서 배치한다.

장점 & 주의점

바쁘게 생활하다 보면 식사 준비가 쉽지 않다. 하지만 생활의 중심을 주방에 두고 배치하면 부엌일이 즐거워지니 일석이조다. 단, 주방의 위치에 따라 불편할 수도 있으니 상황을 잘 살핀다.

Kitchen
인테리어 실제 사례

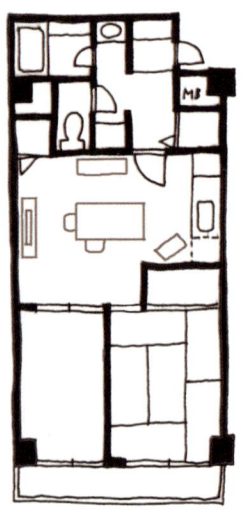

이런 사람에게 추천

1. 구조가 옛날식이고 거실이 크지 않다.
2. 함께 요리하는 걸 좋아한다.
3. 외국의 큰 주방을 따라 해보고 싶다.

집이 작을수록 주방과 식탁 중심으로 설계된 경우가 많다. 이런 구조라면 주방을 생활의 중심으로 삼아보는 것도 좋다. 식탁은 높이를 800~850mm 정도로 높여서 주방 작업대를 겸했다. 한 공간에서 요리하고 식사하고… 일과 휴식이 공존하는 활기차고 화목한 공간이다.

높이 850mm로 주문 제작한 식탁.
여기서 요리를 하고 식사도 한다.

Dining room 식탁 중심의 라이프스타일

식탁이 생활의 중심인 가정. 식사를 하고 난 뒤에도 식탁에 남아 느긋하게 시간을 보내는 가족에게 알맞다. 거실에서 보내는 시간이 많은 가족에게는 추천하지 않는다.

장점 & 주의점

주방과 식탁 사이의 거리를 좁혀 대화하기가 쉽다. 컴퓨터 등을 할 때도 서로 가까이에서 시간을 보낼 수 있다. 앉는 자리가 깊고 팔걸이가 있는 의자를 놓으면 더 편안하게 쉴 수 있다.

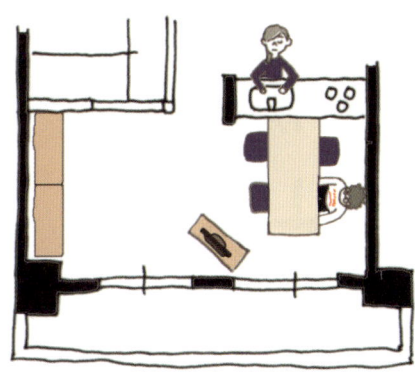

우리 집은 주방이 좁아서 이렇게 꾸미는 건 힘들겠네

Dining room
인테리어 실제 사례

이런 사람에게 추천

1. 각 방이 나뉘어있는 구조.

2. 바쁜 평일에는 거실에서 지낼 시간이 없다.

3. 소파보다는 식탁에서 여유로운 시간을 보내고 싶다.

각 방이 벽으로 확실히 나뉜 구조라면 식탁과 주방 사이에도 파티션을 두어 공간을 나누는 편이 보기 좋다. 식탁을 생활의 중심으로 삼고 싶어 식탁과 주방을 분리할 수 있는 아일랜드 식탁을 배치했다. 자칫 너저분해 보일 수 있는 주방이 가려져 쾌적하게 쉴 수 있다.

Sofa 소파 중심의 라이프스타일

거실과 주방이 분리된 형태로, 소파가 생활의 중심이 된다. 식탁에서 식사를 마친 뒤 거실로 이동해 쉬는 일반적인 스타일이다.

장점 & 주의점

거실엔 소파, 주방엔 식탁을 두는 등 가구를 용도별로 갖춰놓아 짜임새 있어 보인다. 하지만 가구가 클 경우 답답해 보일 수 있어 주의가 필요하다. 작은 식탁을 고르면 집이 좁아도 거실에 크고 안락한 소파를 놓을 수 있다. 배치 계획을 세울 때 소파의 크기를 고려한다.

주방은 작게 만들고, 대신 거실에 넉넉한 소파를 놓아 생활의 중심으로 삼으면 좋겠어

Sofa
인테리어 실제 사례

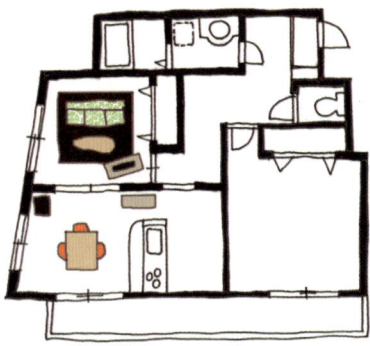

이런 사람에게 추천

1. 거실과 주방 사이에 큰 미닫이문이 있는 구조.
2. 거실엔 소파, 주방엔 식탁을 놓고 싶다.
3. 가구가 제대로 갖춰진 공간으로 만들고 싶다.

거실과 주방, 양쪽에 가구를 배치할 경우에는 위치를 잘 잡아야 한다. 가족이 늘 얼굴을 마주 볼 수 있도록 소파와 식탁의 위치를 조정한다. 여기에서는 문을 떼어내고 거실과 식당을 하나로 만들었다. 서로의 얼굴이 보이는 위치에 가구를 배치한 덕분에 각자 다른 일을 하고 있는 시간에도 뭔가를 함께하는 느낌이 든다.

미닫이문을 떼어내고 거실과 주방을 하나로 텄다.

식탁 세트는 작은 걸로 맞췄다.

Living room 거실 중심의 좌식 라이프스타일

식탁을 따로 두지 않고 거실에서 식사를 하는 좌식 스타일. 옆방을 한식 침실로 꾸미면 집 안 전체를 넓은 거실처럼 쓸 수 있다. 소파나 침대, 식탁 등의 가구를 배치하기가 힘든 좁은 집에 잘 어울린다.

장점 & 주의점

바닥에 앉아서 식사를 하고 그 자리에서 쉴 수 있어 편하기로는 최고다. 좁은 공간을 활용하기에도 좋다. 하지만 자칫하면 어수선해 보일 수 있으니 너저분해지지 않게 정리정돈을 잘한다.

Living room
인테리어 실제 사례

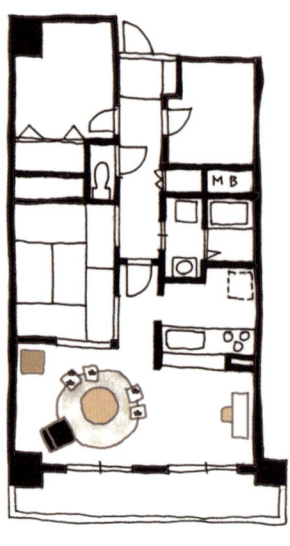

이런 사람에게 추천

1. 거실과 주방이 하나로 이어진 구조.
2. 넓고 탁 트인 분위기가 좋다.
3. 바닥에 앉아서 쉬고 싶다.

식사 공간이 따로 없이 거실만 있는 스타일. 거실에 낮은 테이블을 두고 식사 시간이나 휴식 시간을 여기서 보낸다. 테이블은 식탁 겸용이므로 적당히 큰 것을 골랐다. 거실이 그리 크지 않아 좌식 스타일로 꾸며서 가구를 많이 두지 않고 넓게 사용한다.

주방 아일랜드 식탁 앞에 컴퓨터 책상을 놓았다.

바닥에 둘러앉아 식사와 휴식을 하는 스타일. 식탁을 두지 않아 공간을 넓게 쓸 수 있다.

신혼에는 혼자만의 공간을 만들지 않는다

'생활의 중심'이 정해졌다면 이제 다른 방을 어떻게 나눌지 정해야 한다. 여기서 중요한 점을 먼저 짚고 넘어가자. 최근 부부가 각방을 쓰는 경향이 늘고 있고, 갓 결혼한 부부도 자기만의 공간을 따로 두는 경우가 있다. 나는 신혼 때부터 개인 공간을 만드는 방식에는 그다지 동의하지 않는다. 정확히 말하자면 반대한다. 어찌 보면 결혼했다고 해도 속박당하지 않는 혼자만의 시간도 필요하니 일리 있는 방법처럼 보인다. 하지만 정말 그럴까?

예를 들어 영국 등의 명문 기숙학교에서는 기숙사 생활을 갓 시작하는 신입생들에게 여러 명이 함께 방을 쓰며 공동생활을 하게 한다. 1인실이 허용되는 것은 고학년이 되면서부터다. 신입생들은 몇 년간 다른 사람과 먹고 자면서 규칙과 자기 관리, 타인과 교류하는 법을 배우며 성장해간다.

부부가 함께 사는 것 또한 신입생들의 생활과 같다. 서로 불편한 점이 있더라도 상대방의 생활 패턴을 살피고 둘만의 규칙과 생활 리듬을 만들어나가야 한다. 그러기 위해서는 부부가 같은 장소에서 붙어 지내며 함께 시간을 보내야 한다.

두 사람의 관계가 어느 정도 성숙해진 다음 개인 공간을 가져도 늦지 않을 것이다. 관계가 무르익기도 전에 혼자만의 공간을 만들어 그 안에 숨어버리는 일이 많아진다면 부부 관계에 적신호가 켜질지도 모를 일이다.

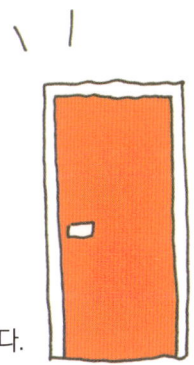

개인 공간을 만들면 대화가 줄어 관계가 소원해질 수 있다.

가족이 함께할 수 있는 공간을 만든다

Case 1 용도가 정해지지 않은 방이 있다면 문을 터서 열린 공간으로 만든다.

Case 2 빈 방은 가족이 취미생활을 즐길 수 있는 방으로 꾸민다.

Case **3** 시선이 마주치지 않도록 의자를 배치하면 함께 있어도 각자의 생활을 즐길 수 있다.

Case **4** 화분이나 장식장으로 공간을 나누는 것도 좋은 방법이다.

침대를 놓을 땐
침실의 크기를 고려한다

출장이 많은 나는 한 달에 한 번 정도 20㎡도 채 되지 않는 좁은 방에서 밤을 보낸다. 고급 호텔이든 무미건조한 비즈니스 호텔이든 내게 중요한 것은 방의 크기보다 침대의 크기와 높이다. 방이 커도 꽉 들어찬 침대 때문에 답답할 때가 있고, 방이 작아도 편안할 때가 있다. 역시 방이 작을수록 침대와 방의 밸런스가 중요하다는 걸 새삼 느꼈다.

방 배치의 마지막 단계는 침실이다. 집은 식생활과 주생활이 이루어지는 곳이다. 주방과 침실, 이 두 곳의 배치가 만족스러우면 생활이 훨씬 편안해진다.

침실은 입식이냐 좌식이냐에 따라 배치가 결정된다. 좌식이라면 이불 보관할 곳만 있으면 된다. 문제는 침대를 사용하는 경우다. 방 크기가 넉넉하지 않다면 침대를 놓기 어렵기 때문이다.

침실은 잠들기 편한 분위기로 만들어야 한다. 침대가 아무리 좋은 것이라도 방 전체가 답답하게 느껴지면 안락함도 반감된다. 침대를 놓을 계획이라면 방 크기와 조화를 이루는 적당한 크기의 침대를 골라서 방에 여유 공간을 남겨둔다. 방이 좁다면 싱글베드 2개보다 더블베드 하나를 두는 편이 공간을 절약할 수 있어 좋다. 침대 프레임을 낮추는 것도 답답한 느낌을 줄일 수 있는 방법이다.

공간 활용을 고려해 침대를 배치한다

싱글베드

싱글베드 2개를 두려면 공간에 여유가 있어야 한다. 바닥에 놓는 가구는 최소한으로 줄이고 천장 끝까지 닿는 가구로 공간 활용률을 높인다.

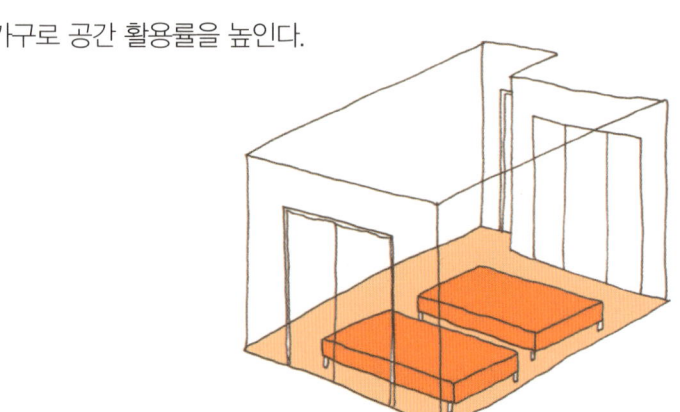

더블베드

문을 자유롭게 여닫거나 옷장 문을 여닫는 데 방해 받지 않으려면 더블베드가 적당하다. 창문 아래에 긴 의자를 놓고 물건을 올려놓을 수도 있다.

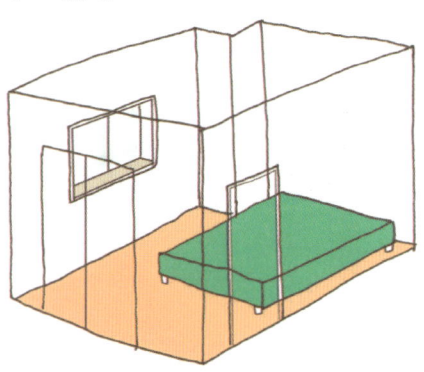

침대 위치와 공간 활용

창문이나 문의 위치가 애매한 경우, 침대를 배치하기가 까다롭다. 침대를 놓을 수 있는 방향이 한정적이기 때문이다. 이때는 벽면을 남기지 말고 활용한다.

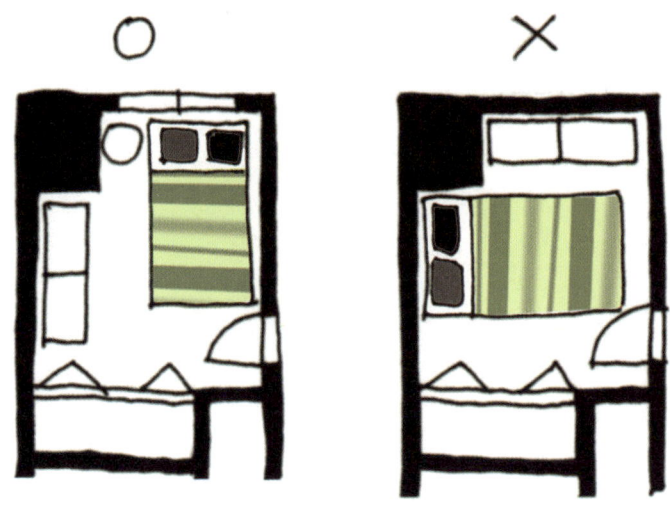

침대를 어떻게 배치하느냐에 따라 공간을 절약할 수 있다.

욕실과 주방의 배치를 계획한다

욕실

욕실은 양치질, 세수, 샤워, 화장, 헤어드라이 등 다양한 활동이 바쁘게 이루어지는 장소다. 다용도실이 따로 없는 경우, 세탁도 이곳에서 이루어진다. 따라서 그런 활동을 하는 데 불편함이 없도록 바닥 면적을 확보하는 게 좋다. 가능하면 물건을 바닥에 두지 말고 수납용 가구를 활용해 위로 쌓아 올린다.

바구니나 선반으로 수납공간을 확보한다.

주방

주방에는 보관해야 할 물건이 많고 가전제품도 두어야 한다. 그릇장, 레인지대, 아일랜드 식탁 등 다양한 주방가구가 판매되고 있으니 주방의 구조와 크기에 맞는 가구를 활용해 한정된 공간을 낭비하지 않도록 한다.

Case 1
양쪽 벽에 문이 있어서 벽면에 주방가구를 배치하기 곤란하다. 주방 한가운데에 작업대를 겸한 수납공간을 마련했다.

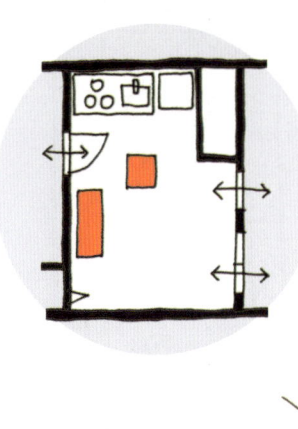

Case
2 좁은 주방에는 아일랜드 식탁을 놓을 수 없다. 바퀴가 달려 옮기기 편한 왜건을 놓아 공간을 현명하게 활용했다.

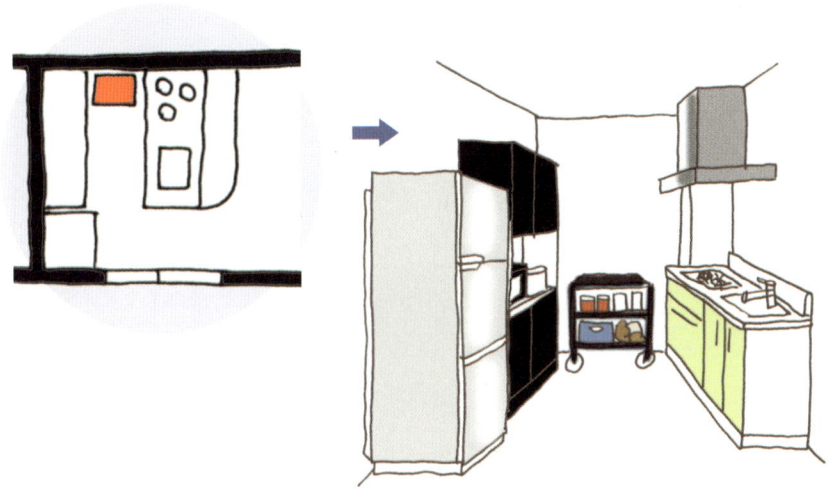

Case
3 수납장을 놓을 공간이 없어서 직접 장을 짜 넣었다.

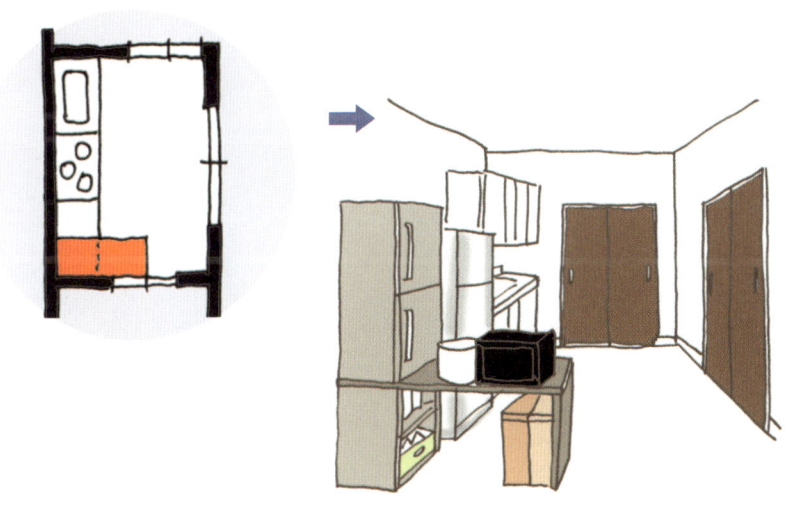

배치 계획을 마쳤다면
다음 단계로

배치 계획을 세우고 나면 인테리어의 전체 방향이 결정됩니다. 이제 큰 문제 없이 집 안을 꾸밀 수 있어요. 기억할 것은 인테리어를 하다 보면 문제가 발생할 수 있는데, 그때마다 기준이 흔들리면 시간과 비용이 낭비되고 실패하기도 쉽다는 거예요. 지금까지 짠 계획을 바탕으로 해서 다음 단계로 넘어가볼까요?

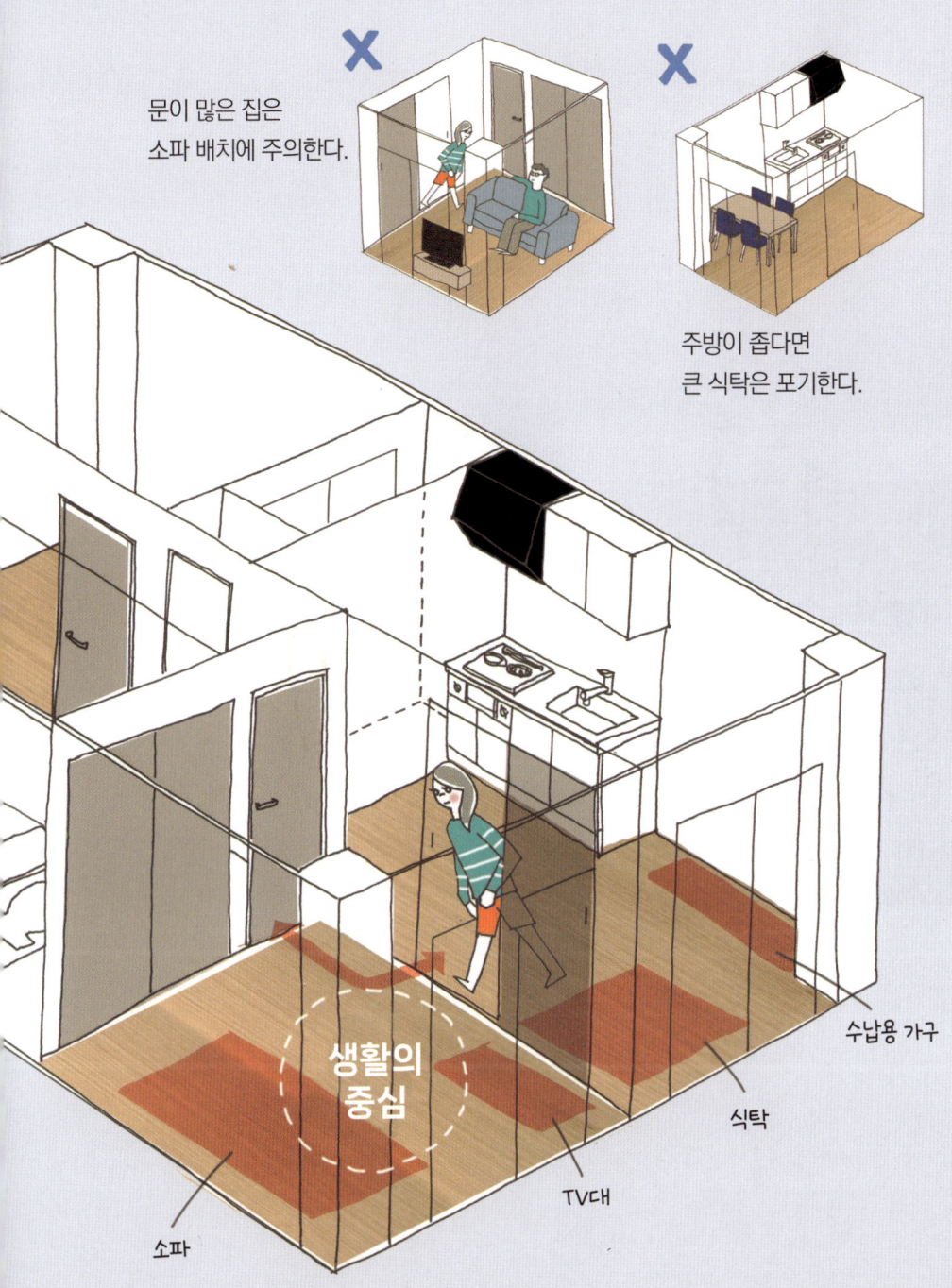

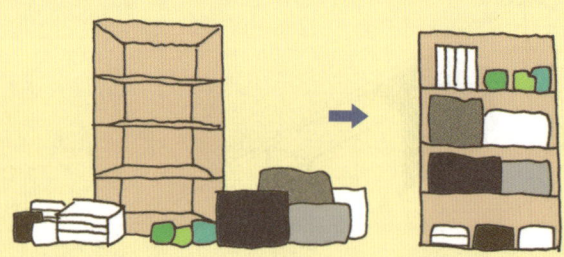

물건들이 바닥에 굴러다니고 정리하지 않은 옷들이 널브러져있는 모습은 보기만 해도 짜증스럽다. 생활공간을 처음부터 철저히 관리하겠다는 생각으로 정리정돈을 한다. 수납이 잘된 집은 한결 쾌적하고 여유를 준다.

Part 2

수납

배치
장식

수납을 위해 꼭 알아두어야 할 것들

수납 규칙을 만든다

어떤 물건을 어디에 둘지 규칙을 정하면 생활이 쾌적해지는 것은 물론 정신적인 스트레스도 줄어든다. 이사를 한다면 제로 상태에서 시작할 수 있으니 더 확실하게 수납 규칙을 만들 수 있다. 바빠도 수납 계획을 짜고 확인하는 시간을 아끼지 말아야 한다.

먼저 수납공간과 물건을 파악한다

수납 계획을 세울 때 가장 먼저 해야 하는 일이 바로 수납공간과 물건을 파악하는 일이다. 귀찮은 일이니 더더욱 효율적으로 진행해야 한다. 이사를 한다면 수납공간은 집이 정해지면 바로, 물건은 짐을 쌀 때 확인한다.

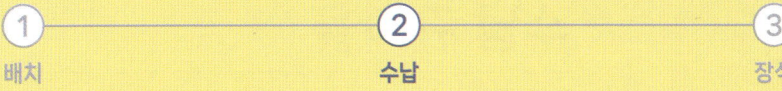

수납은 이렇게

1단계 물건을 모두 수납공간에 넣는다
물건을 수납공간에 전부 집어넣는다. 이때 물건을 실제로 사용할 장소에 두고, 좁은 공간 등 수납하기 힘든 곳부터 시작한다. 전부 들어가지 않을 때는 버리는 것도 생각해본다.

2단계 사용 빈도에 따라 위치를 정한다
자주 쓰는 물건은 손이 잘 닿는 곳에, 잘 쓰지 않는 물건은 위쪽이나 아래쪽에 둔다. 사용 빈도에 따라 수납 장소를 달리 정한다.

3단계 수납용품을 활용해 꺼내 쓰기 편하게 한다
물건을 넣고 꺼내기 편하게 도와주는 수납용품을 활용한다. 수납공간을 효율적으로 만들어놓으면 물건이 더 늘어나더라도 대응하기 쉽다.

수납 규칙을
만든다

수납은 쾌적한 생활공간을 여는 열쇠와도 같다. 어디에 무엇을 둘지 계획하고 수납용품을 마련하는 일은 현재는 물론 미래를 위한 투자이기도 한다. 살다 보면 물건이 점점 늘어나 나도 모르는 사이에 집 안이 물건으로 넘쳐나게 된다. 그러기 전에 어디에 무엇을 둘지, 물건이 늘어나면 어디에 넣을지 규칙을 정하는 것이 좋다. 규칙을 정해놓으면 예상치 못한 상황이 발생해도 응용해서 대처할 수 있다.

이사를 한다면 아주 좋은 기회다. 수납을 처음부터 다시 할 수 있으니 이참에 확실한 규칙을 세운다. 지금 시간과 비용을 들여 수납에 공을 들이면 몇 년 후에도 쾌적한 생활이 유지될 것이다.

필요한 물건들이 적재적소에 잘 수납돼있어 매일매일 편리한 일상을 잠시 상상해보자. 갑자기 TV가 고장 나도 설명서를 빠르게 찾을 수 있고, 남편이 사온 취미용품도 어디에 보관하면 좋을지 바로 떠오른다. 이렇게 된다면 일상 속에서 마주하게 되는 자잘한 스트레스가 줄어들고 마음이 차분해질 것이다.

일상생활에서 수납이 중요한 것은, 공간을 효율적으로 쓸 수 있다는 기능적인 이유뿐만 아니라 물건 찾는 일이 줄어들어 시간 낭비를 없앨 수 있고 정신적인 스트레스도 줄일 수 있기 때문이다. '급할수록 돌아가라'는 말을 되새기며 차근차근 시작해본다.

수납 규칙이 미래를 위한 투자라고?

수납을 잘하면 스트레스가 줄어든다

1 먼저 집 안의 수납공간을 확인한다.

2 수납할 물건들을 파악한다.

3 어디에 무엇을 보관할지 꼼꼼하게 계획한다.

4 계획대로 물건을 정리한다.

5 필요한 물건을 바로 찾는다.

먼저 수납공간과 물건을 파악한다

본격적으로 수납을 시작하기 전에 반드시 먼저 해야 할 것이 수납공간과 물건들을 파악하는 일이다. 머릿속으로는 이 일이 중요하다는 것을 알고 있어도 막상 일일이 확인하려면 간단하지가 않다. 귀찮다고 포기하면 성공적인 수납은 영영 물거품이 되고 만다. 집 안 곳곳에 수납공간이 많은지 적은지 확인하고, 터무니없이 부족할 것 같은 곳을 체크해둔다. 물건들은 눈으로 직접 확인하면서 필요 없는 것들을 분류하고, 누구에게 어떤 물건들이 있는지도 머릿속에 정리해둔다. 물건을 효율적으로 관리할 수 있고, 있는 물건을 또 사는 일도 막을 수 있다.

이사를 한다면 타이밍도 중요하다. 수납공간은 집이 정해진 시점에 바로 확인하고, 물건은 짐을 쌀 때 파악한다.

특히 결혼해 신혼집으로 이사하는 경우, 두 사람의 물건을 파악할 필요가 있다. 남편의 물건들 중 나를 가장 놀라게 했던 것은 수백 장의 레코드판과 엄청난 양의 공구들이었다. "이걸 다 우리가 사는 신혼집에?"라며 깜짝 놀라는 나를 슬쩍 보면서 남편은 천연덕스럽게 "앞으로는 자기 물건이기도 해."라고 말했다. 하긴 각자가 가져오는 물건들도 결혼하면 두 사람의 소유가 되니 틀린 말은 아니다. 내 물건이라고 생각하면 책임감도 생겨날 것이다. 서로의 물건을 확실히 파악해둔다.

집 안의 수납공간을 확인한다

A 침실

침실의 옷장에는 옷을 정리한다. 붙박이장이 있는 경우에는 옷이 다 들어갈 수 있을지 체크하고, 다 들어가지 못할 것 같다면 수납장을 놓을 수 있을지도 확인한다. 옷장은 높이와 깊이는 거의 일정하고 가로 폭에 따라 크기가 정해진다. 새로 구입할 경우, 방 크기를 확인해 옷장의 크기를 정한다.

B 주방

냉장고를 배치하고 남는 공간을 잘 활용해야 한다. 공간이 모자라면 가전제품을 놓아둘 곳이 없어 곤란해질 수 있다. 물건 수납, 가구 구입 등 모든 분야에 걸쳐 공간 절약 대책이 필요하다.

C 거실

거실에는 대부분 붙박이장이 없어 TV대를 겸한 가구에 수납하게 된다. 거실에 둘 물건을 파악해 수납 계획을 세운다.

D 현관

현관의 수납공간은 여유 있게 계산하는 것이 좋다. 이사할 때는 특히 주의한다. 현관 수납공간은 집집마다 제각각이어서 대충 계산했다가는 얼마 안 가 곤란한 상황이 발생할 수 있기 때문이다. 공간이 부족하다면 추가로 놓을 가구를 준비한다. 공간을 효율적으로 활용할 수 있는 신발 정리법도 생각해두면 좋다.

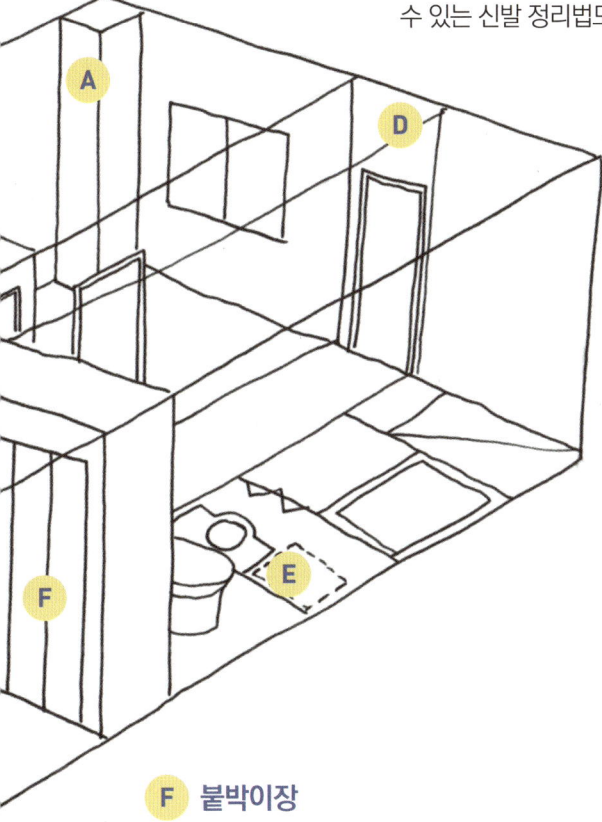

E 욕실

수납 때문에 가장 골치 아픈 곳이 욕실 주변이다. 작은 집은 욕실과 세탁실을 겸하는 경우가 많은데, 대부분 비좁아 수납공간이 부족하다. 시중에서 판매하는 세탁실용 선반 등을 설치할 수 있을지 체크해본다.

F 붙박이장

집 안의 남는 공간을 활용해 붙박이장을 설치하면 여러 모로 편리하다. 좁은 집일수록 붙박이장이 요긴하다. 높이와 깊이를 꼼꼼히 잰 후 무엇을 넣으면 좋을지 생각해보고, 공간 낭비 없이 정리하는 방법을 연구한다.

수납공간을 구체적으로 체크한다

A 침실

☑ 수납공간 체크하기	크기 측정하기
☐ 붙박이장이 있는가? ☐ 옷 정리용 행어를 둘 수 있는가? ☐ 속옷이나 갠 옷은 어디에 둘까?	• 붙박이장의 크기 • 서랍장이나 화장대 등을 더 놓을 수 있 바닥의 면적

B 주방

☑ 수납공간 체크하기	크기 측정하기
☐ 싱크대 수납장의 용량은 어느 정도인가? ☐ 전자레인지대나 선반을 설치할 수 있는가? ☐ 냉장고를 놓고 난 나머지 공간이 넓은가, 좁은가?	• 싱크대 수납장의 크기 • 냉장고 배치 후 남는 공간

C 거실

☑ 수납공간 체크하기	크기 측정하기
☐ TV는 어디에 둘까? ☐ 컴퓨터는 어디에 둘까? ☐ 디지털카메라, TV 케이블 등 거실에 둘 물건들을 어디에 둘까?	• 거실에 둘 수 있는 TV대의 최대 크기

D 현관

☑ 수납공간 체크하기	크기 측정하기
☐ 수납공간이 있는가? ☐ 수납공간의 높이는? ☐ 가구를 더 놓을 여유가 있는가?	• 수납공간의 크기

E 욕실

☑ 수납공간 체크하기	크기 측정하기
☐ 세면대 주변에 수납공간이 있는가? ☐ 세탁기 위에 선반을 설치할 수 있는가? ☐ 빨래바구니를 놓을 공간이 있는가?	• 빨래바구니를 놓을 수 있는 바닥의 면적

F 붙박이장

☑ 수납공간 체크하기	크기 측정하기
☐ 거실에 붙박이장 같은 큰 수납공간이 있는가? ☐ 수납공간이 나뉘어있는가, 그렇지 않은가? ☐ 선풍기·온풍기 등 계절용 가전제품, 청소기, 취미용품이 모두 들어가겠는가?	• 붙박이장의 크기

모든 물건의 수납 장소를 정해둔다

남편의 물건

아내의 물건

사용하는 장소별로 나눠서

물건이 얼마나 되는지 체크한다

장소	물건의 종류	남편			아내			앞으로의 계획		
		적음	보통	많음	적음	보통	많음	적음	보통	많음
A 침실	거는 옷									
	개는 옷									
	속옷									
	넥타이·머플러									
	가방									
	모자									
	액세서리									
B 주방	냄비·조리도구									
	그릇·보관용기									
	가전제품(전자레인지·커피메이커 등)									
	저장용 식재료(쌀·파스타·양념 등)									
	병류(술·음료 등)									
	쓰레기통									
C 거실	게임기·오락용품									
	늘 사용하는 소품(핸드폰 충전기 등)									
	컴퓨터·프린터									
	보관해야 할 서류(설명서 등)									
	중요 서류									
	간단한 서류(청구서·우편물·DM 등)									
	다리미·다리미판									
	문구류									
	약									

장소	물건의 종류	남편			아내			앞으로의 계획		
		적음	보통	많음	적음	보통	많음	적음	보통	많음
D 현관	신발									
	부츠									
	긴 우산·3단 우산·스포츠용품									
E 욕실	목욕용 큰 수건·수건									
	화장품									
	위생용품·헤어용품									
	가전제품(헤어드라이어·면도기 등)									
	빨래바구니									
	화장지									
F 붙박이장	침구·손님용 이불									
	가전제품(전기담요·선풍기 등)									
	청소기									
	청소용품(세제·바구니 등)									
	포장용품(종이상자·쇼핑백·신문지 등)									
	공구									
	책·잡지									
	여행용품									
	그 밖의 취미용품 (배드민턴채·골프채·요가매트 등)									

물건을 모두 체크한 다음,
제일 큰 물건과 제일 많은 물건을
1~3위까지 순위를 매겨보세요

수납의 실제 사례

같은 아파트에 살고 있는 A 가족과 B 가족. 같은 평수, 같은 구조라도 집마다 갖고 있는 물건이 다르면 수납 계획도 달라진다.

A 가족

책을 아주 좋아하는 가족. 책을 보관하기 위해 침실과 거실에 천장 높이까지 오는 책장을 놓기로 했다. 생활용품은 많지 않아서 기존 수납공간으로 해결했다.

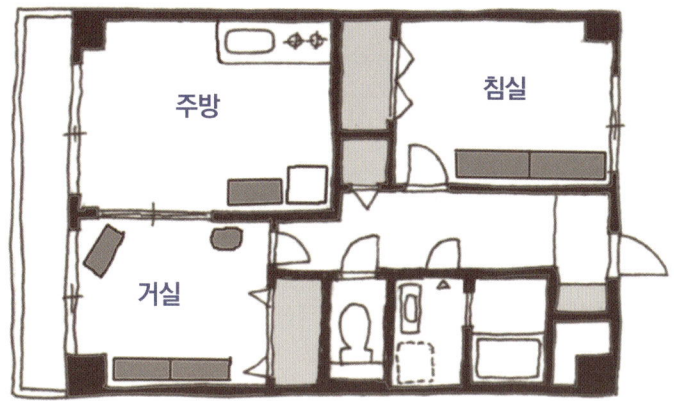

벽면을 가득 메운 책장 덕분에 수납공간이 많이 확보됐다. 자주 읽지 않는 책은 아래쪽 정리함에 넣었다.

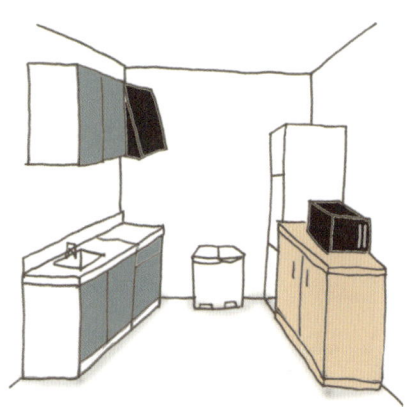

주방용품은 미리 선별해놓은 덕에 싱크대 상하부장과 작은 수납장만으로도 충분하다.

거실에도 높은 책장을 배치했다. 거실 책장에는 장식 효과를 겸해 책 중심으로 정리했다.

B 가족

옷과 구두, 가방이 무척 많은 아내. 생활용품을 살 때도 한꺼번에 넉넉히 사서 쌓아두는 성격이다. 취미로 만든 핸드메이드 제품까지 넣으려면 공간이 부족하다.

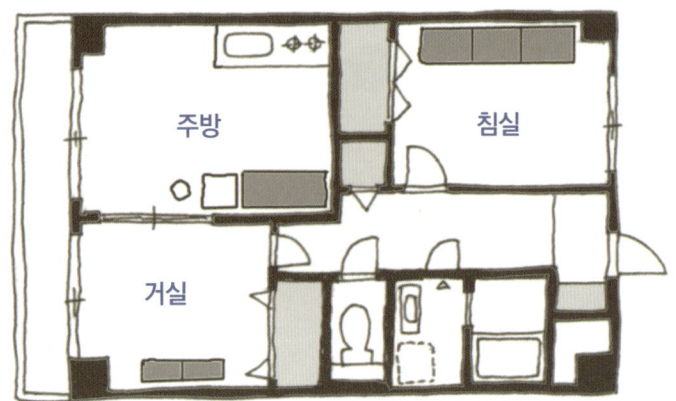

붙박이장으로는 공간이 부족해서 옷 정리용 행어를 벽면 가득 설치했다.

장 봐온 식재료를 보관할 수 있도록 펜트리를 더 놓았다.

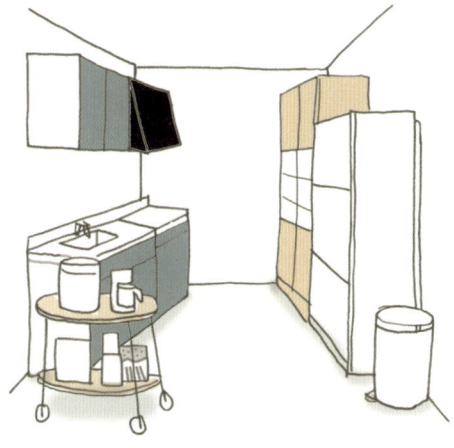

거실을 넓게 사용하고 싶어서 붙박이장을 활용했다.
핸드메이드 제품은 TV대 서랍장에 넣었다.

수납 1단계

물건을 모두 수납공간에 넣는다

수납 1단계에서는 '모든 물건을 수납공간에 넣는다'는 목표를 세운다. 일단 어떻게든 전부 집어넣는 것이 중요하다. 물건이 방에 넘쳐나지만 않으면 넣고 꺼내기가 다소 불편하더라도 생활에 지장을 주지 않는다. 처음부터 수납 3단계까지 마쳐야 하는 건 아니다. 일단 1단계를 완수한다.

물건을 수납공간에 넣을 때는 다음 2가지를 염두에 둔다.

① 물건을 실제로 사용할 장소에 둔다

옷은 옷장에, 신발은 신발장에 넣어둔다. 공간이 없다고 여기저기에 두면 늘 집 안을 뒤지고 다니게 된다. 물건은 그것이 사용되는 장소에 한꺼번에 모아둔다.

2 좁은 공간부터 채워 넣는다

수납공간이 좁다는 것은 그만큼 물건을 넣기 어렵다는 뜻이다. 난이도가 높은 일부터 현명하게 해결하고 나면 다음 일은 훨씬 쉬워진다. 붙박이장은 마지막 단계라고 생각하고 좁은 수납공간부터 채워본다.

꼭 지켜야 할 수납 포인트 4가지

Point 1 모든 물건을 수납공간에 집어넣는다.

Point 2 물건을 실제로 사용하는 장소에 둔다.

Point 3 들어가지 않는 물건이 있다면 새로운 수납공간을 확보한다.

Point 4 물건이 늘어날 것에 대비해 여유 공간을 남겨둔다.

Step 1 집의 구조를 보면서 계획한다

가지고 있는 물건이 수납공간에 다 들어갈지 못 들어갈지 집의 구조를 보면서 파악한다. 평면도를 펴놓고 계획하면 좋다. 어떻게든 되겠지 하고 손 놓고 있다가는 막상 닥쳤을 때 살림이 제대로 정리되지 않고 집 안 곳곳에 물건들이 쌓여있게 된다. 쌓인 짐들은 언제까지고 정리되지 않은 채 끊임없이 생활을 방해한다. 이렇게 되지 않기 위해 머릿속으로 시뮬레이션을 해둔다.

어디에 어떤 물건을 넣어둘지 미리 생각해놔야 해

주방

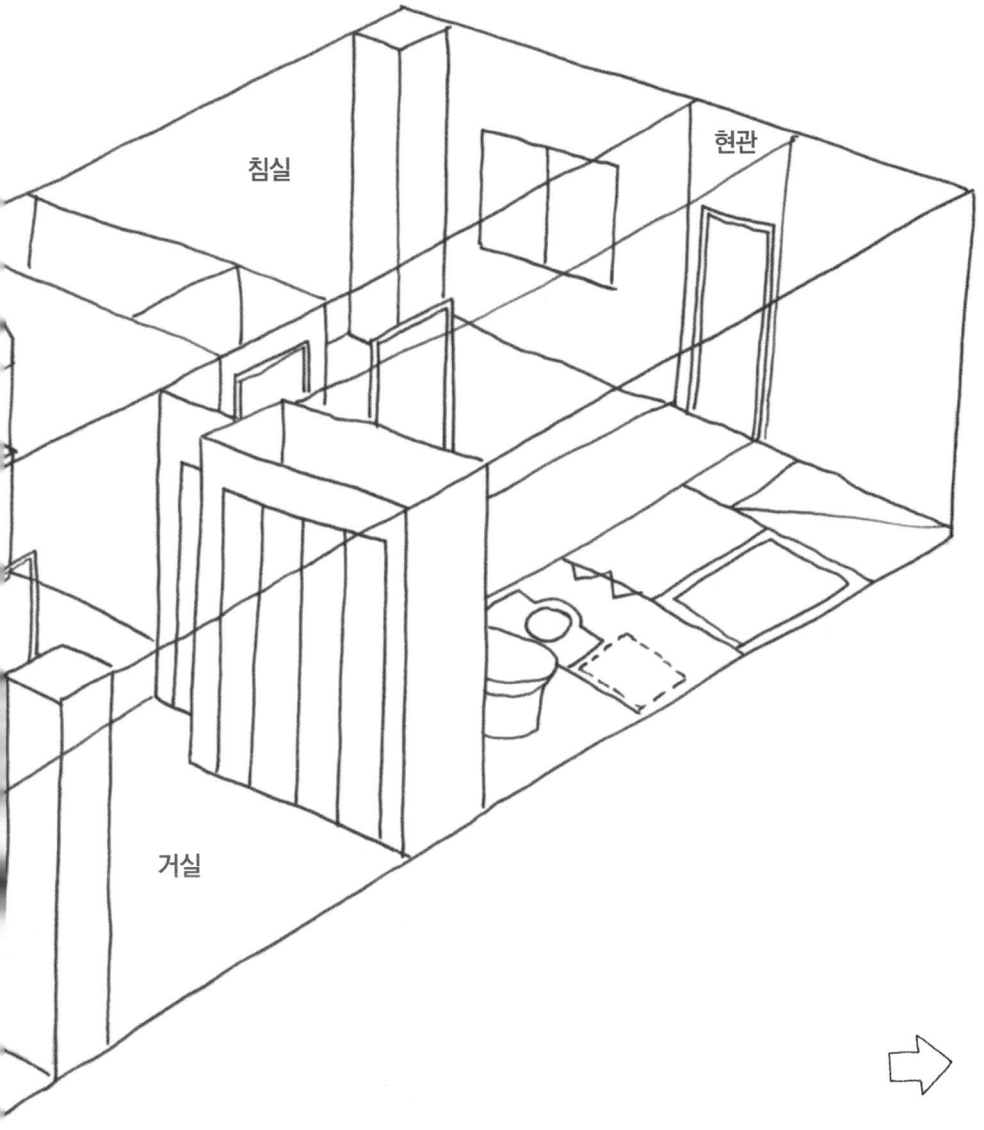

집의 구조에 따른
수납 계획

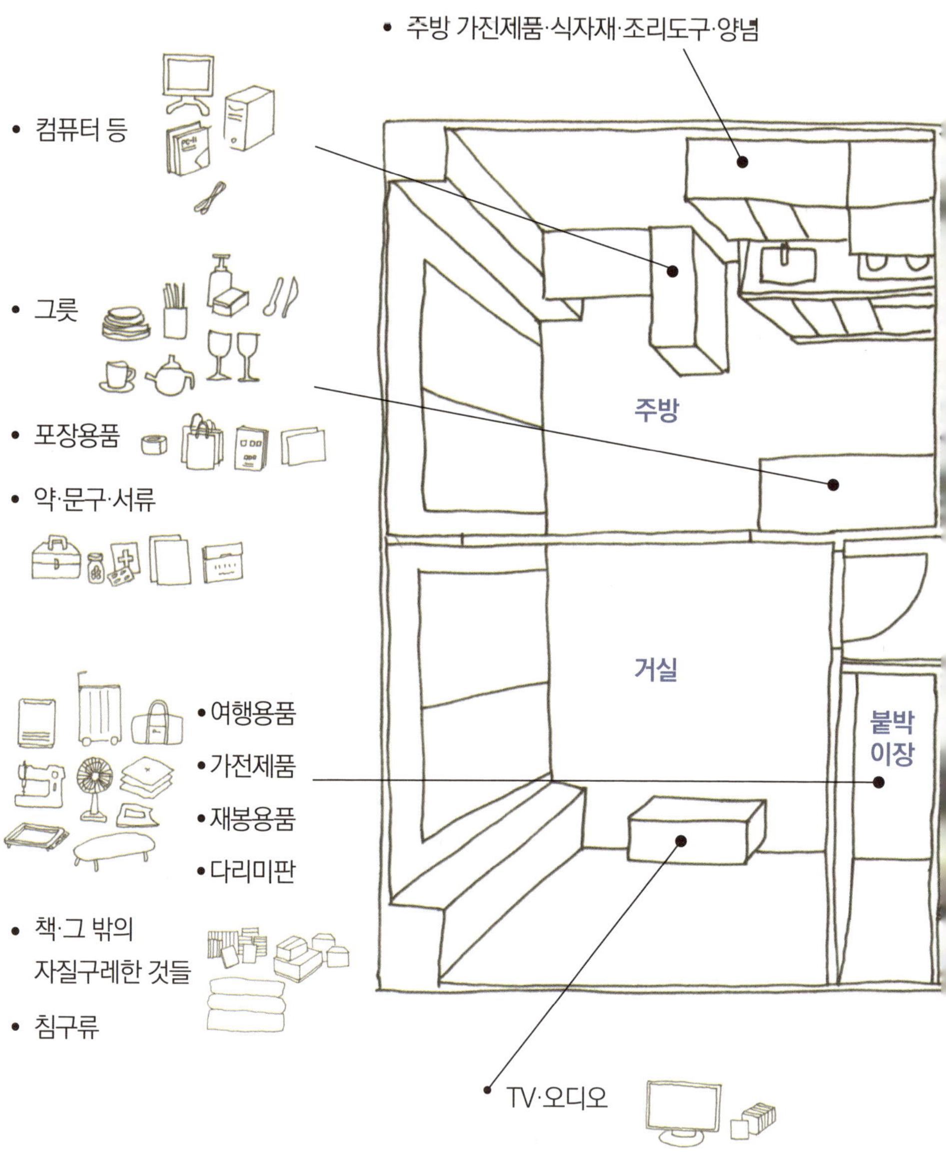

- 주방 가전제품·식자재·조리도구·양념

- 컴퓨터 등

- 그릇

- 포장용품

- 약·문구·서류

- 여행용품
- 가전제품
- 재봉용품
- 다리미판

- 책·그 밖의 자질구레한 것들
- 침구류

주방

거실

붙박이장

TV·오디오

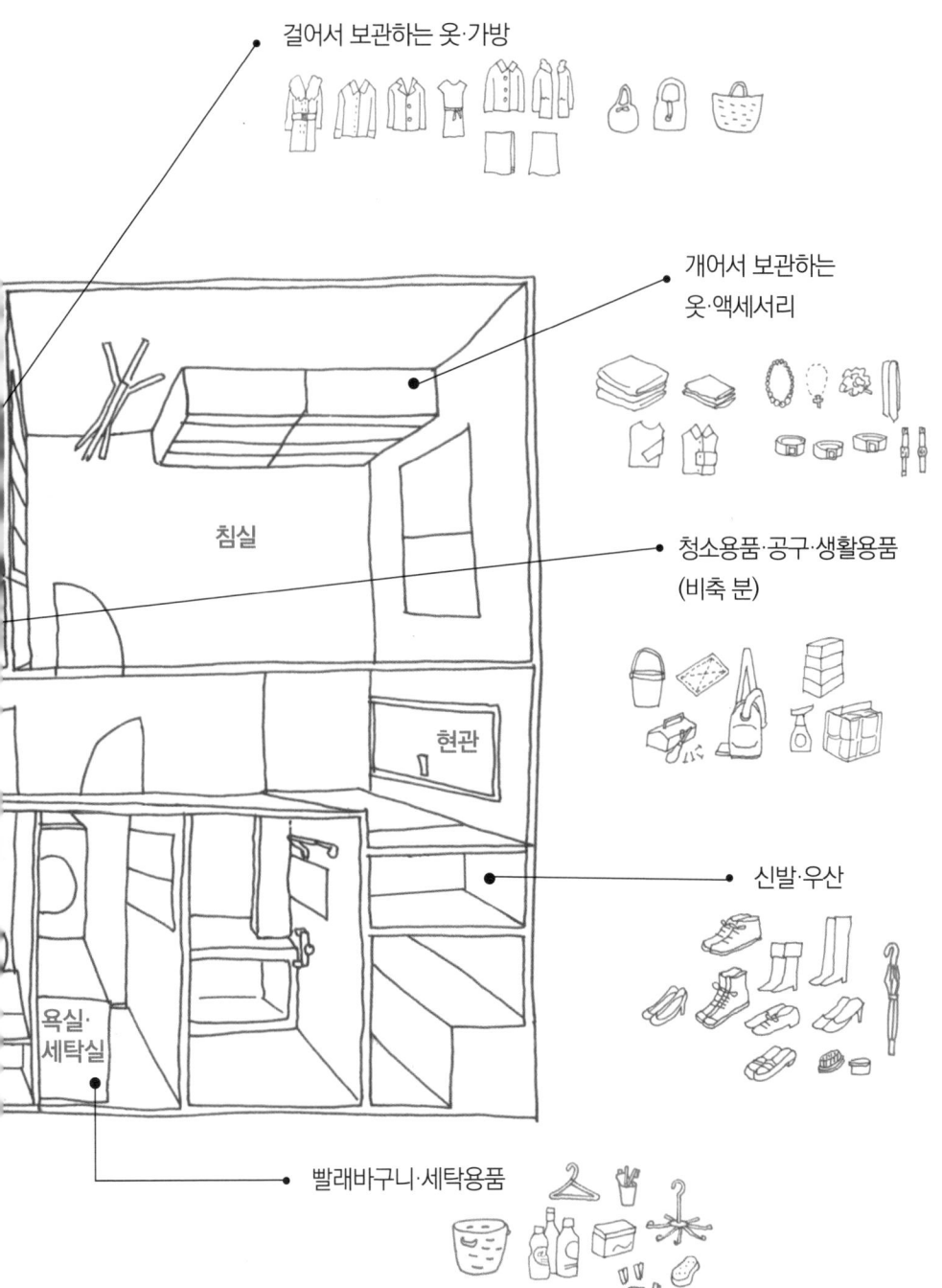

Step 2 필요 없는 물건은 미리 처분한다

수납을 시작하기 전에는 '일단 갖고 있다가 넣을 데가 없으면 버려야지.' 라고 생각하기 쉽다. 하지만 필요 없는 물건은 되도록 미리 처분하는 게 좋다. 물건이 많으면 많을수록 수납을 할 때 머리를 짜내야 하고 정리 작업도 복잡해진다. 수납공간은 충분한 듯 보여도 물건들을 넣으면 금세 꽉 찬다. 필요 없는 물건에는 시간도, 공간도 들이지 않는 것이 현명하다.

가족이 함께 물건들을 확인해보고, 필요한지 아닌지 의논한다.

쓰지 않을 물건은 다른 사람에게 주거나 판다.

팔렸다~

용도를 알 수 없는 다른 사람의 물건. 불필요해 보이더라도 이해한다.

최종으로 정리함 하나에 모두 넣는다는 기준을 세우고, 정리함을 미리 준비한다.

Step 3 수납은 현관에서부터 시작한다

1 현관

가장 걱정스러운 것이 신발 수납이다. 신발을 상자에 담아두는 경우도 많은데, 효율적으로 정리하기 위해서는 상자를 버리는 것이 좋다.

2 침실

걸어두는 옷과 가방은 어떻게든 침실 옷장에 모두 정리한다. 현관 신발장에 다 들어가지 않는 부츠도 여기에 둔다. 갠 옷이 들어가지 않는다면 서랍이 필요하다.

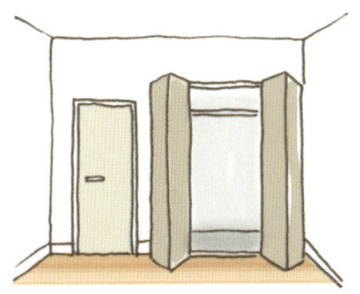 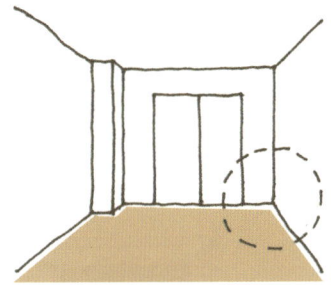

3 붙박이장

거실 붙박이장에 계절용 가전제품이나 이불 등을 넣어둔다.

4 거실

거실을 넓게 쓰고 싶다면 가구는 TV대만 둔다. 그러기 위해서는 컴퓨터나 서류를 둘 자리를 확보한다.

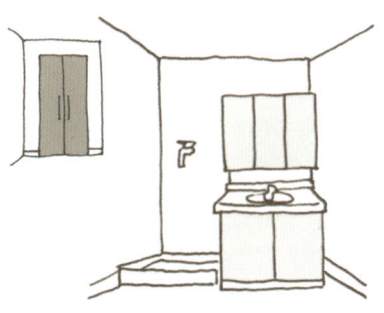 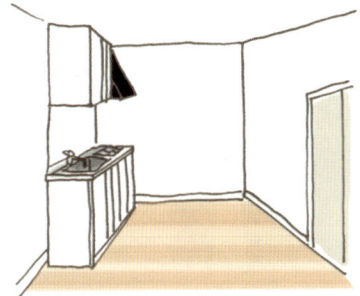

5 욕실

빨래집게나 옷걸이 등 세탁용품을 보관할 곳이 없다면, 청소용품은 거실이나 다용도실 붙박이장에 한꺼번에 정리한다.

6 주방

가전제품을 놓을 공간이 없다면 가구를 더 놓는다. 양념이나 주방용품은 싱크대 수납장에 정리한다.

물건을 쉽게 정리하는
수납 요령

침실

옷장에는 걸 수 있는 옷부터 넣는다. 들어가지 않는 옷과 갠 옷은 아래쪽 서랍에 넣는다.

붙박이장

붙박이장 안쪽까지 확실히 정리하려면 시간이 걸린다. 일단 짐을 다 넣어두는 것을 목표로 삼는다.

Step 4 붙박이장으로 부족하면 가구를 더 놓는다

Step 3에서 현관부터 순서대로 침실, 붙박이장, 거실, 욕실, 주방에 물건을 수납했다. 부피가 큰 물건이나 양이 많은 물건, 작은 물건들 모두 각각의 공간에 대충 들어갔을 것이다. 그런데도 물건들이 남았다면 가구가 더 필요하다. 서랍장이나 선반 같은 가구를 활용한다. 남아있는 물건을 모두 넣으려면 어느 정도 크기의 가구가 필요한지 파악해 적당한 가구를 구입한다.

갠 옷을 보관할 서랍을 더 놓는다.

자주 사용하는 작은 물건들은 TV 장식장에 넣는다.

수납 2단계

사용 빈도에 따라 수납 장소를 정한다

1단계에서 물건을 수납공간에 모두 넣었다면 다음 단계로 넘어간다. 2단계에서는 사용 빈도에 따라 정리할 장소를 정해 쓰기 편하게 만드는 것이 목적이다. 자주 쓰는 물건은 손이 닿기 쉬운 곳에, 그렇지 않은 물건은 위쪽이나 아래쪽에 두어야 한다는 건 누구나 알고 있다. 여기서 나아가 더 성공적으로 물건을 정리하려면 수납공간을 세분화한다.

수납공간을 콘서트장 좌석처럼 나눈다. 제일 좋은 S석, 그 다음 A석, B석, C석 순으로 나누는 것이다. 팔을 거의 움직이지 않고도 꺼낼 수 있는 위치가 S석, 팔을 조금 움직이는 정도라면 A석, 웅크리거나 발끝을 세우거나 팔을 뻗는 등 자세를 바꿔야 한다면 B석, 웬만해서는 열지 않을 것 같은 곳은 C석이다. 옷장이든 서랍장이든 냉장고든, 수납공간을 발견하면 어디가 S, A, B, C석인지 바로 생각한다.

수납공간을 등급별로 나눴다면 사용 빈도를 생각해보고 자주 쓰는 물건을 S석으로 옮긴다. 이처럼 얼마나 자주 쓰느냐에 따라 물건의 자리를 정한다. 2단계의 수납법을 적용해 물건을 정리하면 생활이 더 편리해진다.

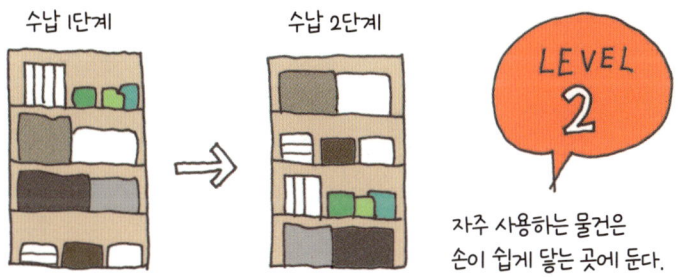

꺼내기 쉬운 순서대로 순위를 정한다

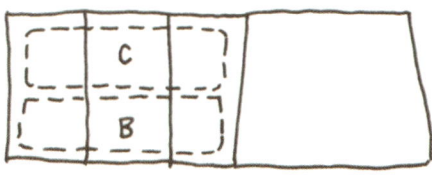

싱크대 수납장

싱크대 상부장 위쪽은 거의 사용하지 않는 C석이므로 물건을 많이 넣지 않는다.

요리를 하면서도 바로 손이 닿는 곳이 S석과 A석이다.

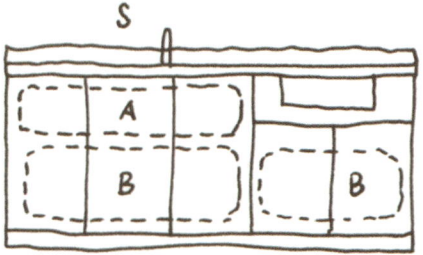

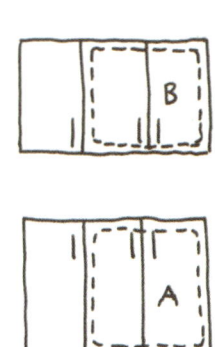

현관 신발장

선 채로 손을 뻗었을 때 그대로 닿는 위치가 S석과 A석이다.

수납 3단계
수납용품을 사용해
꺼내 쓰기 편하게 한다

3단계는 물건을 넣고 꺼내기 편하도록 수납용품을 활용하는 것이다. 뿔뿔이 흩어져있는 설명서를 파일에 넣거나 자주 사용하는 작은 물건들을 바구니에 넣는 식으로 보기 좋고 꺼내기 편하게 만든다. '필요할 때 빠르게 꺼낼 수 있는 수납'이 이 단계의 핵심이다.

　수납용품을 고를 때 중요한 것은 수납 장소에 맞는 것을 고르는 것이다. 특히 꺼내기 불편한 곳에 물건을 둘 경우에는 꺼내기 쉽게 도와주는 수납용품을 구입해 정리한다. 예를 들어, 안쪽 깊숙이 두는 물건은 바퀴 달린 정리함에 넣고, 시선보다 위쪽에 두는 물건은 손잡이 달린 정리함에 넣어 꺼내기 쉽게 하는 식이다. 수납용품을 잘 고르면 생활이 훨씬 편리해진다.

　물건을 넣고 꺼내는 횟수에 따라서도 필요한 수납용품이 달라질 수 있다. 같은 설명서라도 자주 보는 것은 클리어 파일에 끼워두는 것이 좋고, 1년에 한두 번밖에 보지 않는 것은 뚜껑 달린 상자에 넣어두는 편이 낫다. 이때 수납용품의 색이나 크기를 맞춰서 진열하면 인테리어 효과도 있다.

처음에도 언급했지만, 수납은 미래를 위한 투자다. 수납용품을 구입하려면 돈은 들지만, 나중에 틀림없이 '쾌적한 생활'이라는 열매가 돌아온다. 수납을 계획할 때 수납용품 구입비용을 미리 헤아려 예산을 짜놓는다.

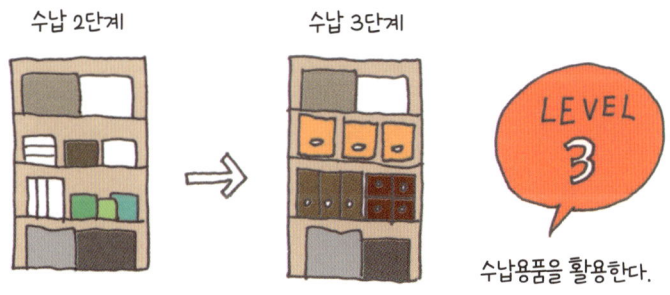

before
사용 빈도에 따라 수납 장소를 정한다

after
수납용품을 사용해 넣고 꺼내기 편하게

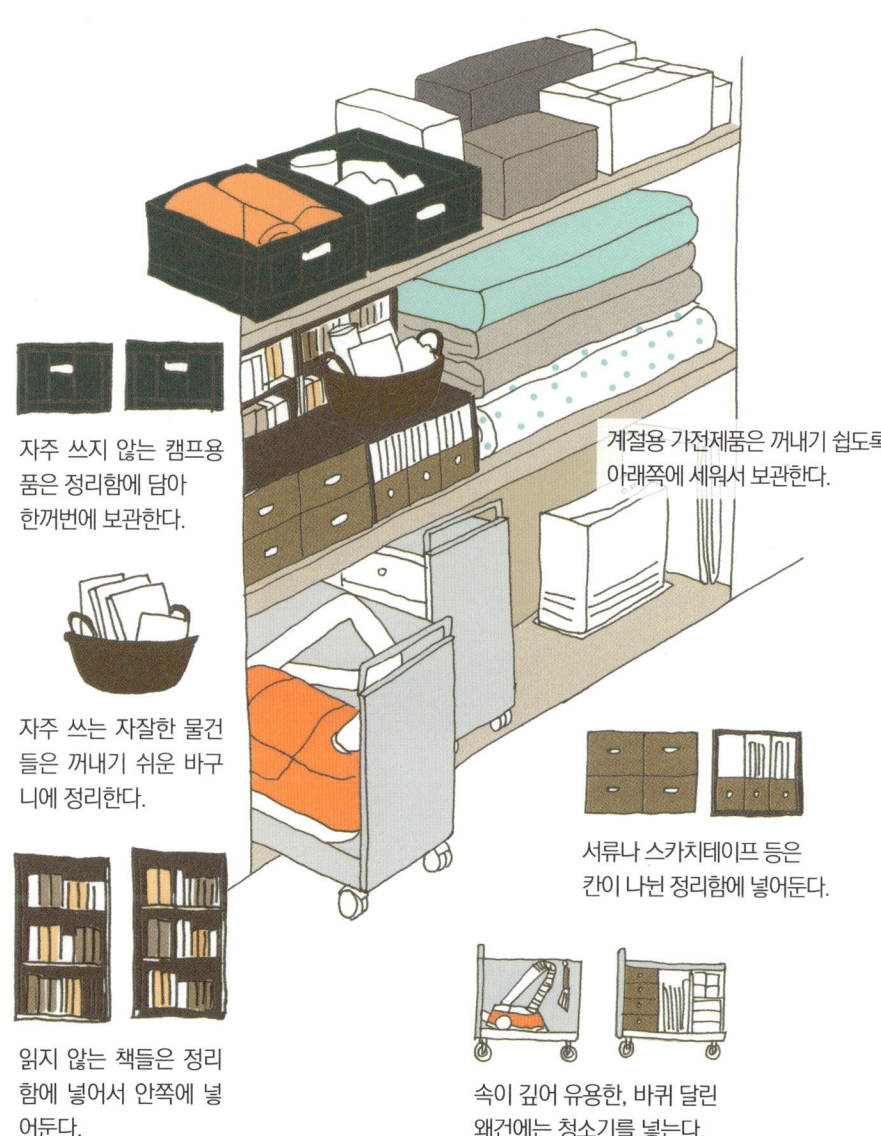

자주 쓰지 않는 캠프용품은 정리함에 담아 한꺼번에 보관한다.

계절용 가전제품은 꺼내기 쉽도록 아래쪽에 세워서 보관한다.

자주 쓰는 자잘한 물건들은 꺼내기 쉬운 바구니에 정리한다.

서류나 스카치테이프 등은 칸이 나뉜 정리함에 넣어둔다.

읽지 않는 책들은 정리함에 넣어서 안쪽에 넣어둔다.

속이 깊어 유용한, 바퀴 달린 왜건에는 청소기를 넣는다.

꺼내 쓰기 쉽게 정리하는 비결

물건을 수납공간에 넣을 때는…

1 물건 전체를 파악한 뒤 그룹별로 나눈다.

2 각 그룹의 양을 파악한다.   **3** 찾기 편하게 개서 수납공간에 넣는다.

수납용품을 구입할 때는…

수납용품 넣을 공간의 크기를 잰 뒤, 어떤 크기의 수납용품을 얼마나 살지 정한다. 이렇게 하면 수납용품이 삐져나오거나 모자라는 일이 발생하지 않는다. 크기가 맞지 않는 수납용품을 사용하면 오히려 미관을 해치므로 주의한다.

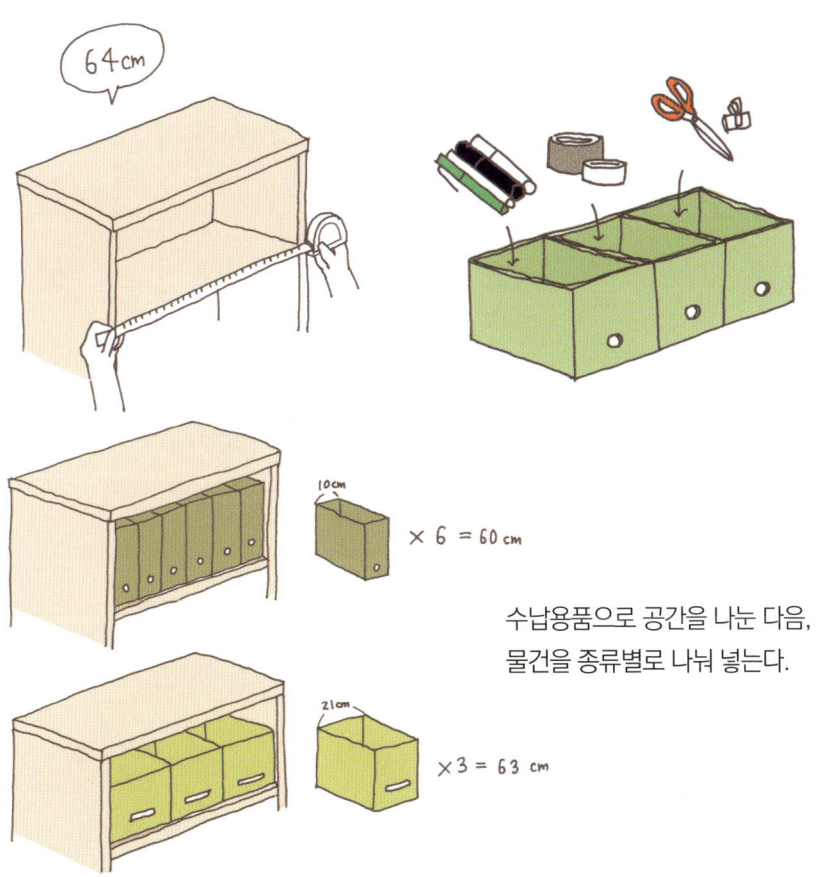

수납용품으로 공간을 나눈 다음, 물건을 종류별로 나눠 넣는다.

수납을 끝냈다면
집 안을 예쁘게 꾸며볼까요?

수납은 인테리어에서 가장 힘든 부분일지 몰라요. 그래도 열심히 해놓으면 쾌적하게 생활할 수 있어요. 물건들이 보기 싫게 여기저기 굴러다니는 일도, 없어진 물건을 찾느라 온 집 안을 뒤지는 일도 없지요. 정리하느라 고생했으니 이제 여유로운 시간을 즐기세요. 그리고 상쾌한 기분으로 인테리어 장식을 해볼까요?

모든 짐을 수납공간에

거실 장식장

그릇장

인테리어 장식은 우리 집만의 분위기를 만드는 것이다. 색깔 매치나 포인트 아이템 등으로 멋을 더하고 개성을 살릴 수 있다. 커튼, 작은 가구, 그림 등 다양한 소품이 더해질수록 집 안이 분위기 있는 공간으로 변한다.

Part 3

장식

배치
수납

장식을 할 때 꼭 알아두어야 할 것들

**따라 하고 싶은
인테리어 사진을 찾는다**

인테리어 장식은 콘셉트가 다양해서 실제로 하려고 하면 무엇을 어떻게 시작해야 할지 고민하게 된다. 생각을 정리하면서 따라 해보고 싶은 모습의 인테리어 사진을 찾아본다.

**큰 것부터 작은 것 순으로
더해나간다**

가구를 배치한 상태에서 소품을 더해 장식한다. 커튼, 러그 등 방의 전체 분위기를 좌우하는 큰 아이템부터 시작해 쿠션, 그림 등 작은 소품을 더해나간다.

① 배치　② 수납　③ 장식

색깔은 통일감 있게 맞춘다

방 안에 서로 매치가 되는 색이 있으면 방 전체에 통일감이 생긴다. 새로 장만할 경우에는 이미 인테리어에 있는 색을 고른다.

눈에 띄는 아이템으로 포인트를 준다

눈에 확 들어오는 아이템이 있으면 인테리어의 완성도가 크게 올라간다. 그림이나 색깔 있는 소품 등으로 포인트를 준다.

집에 멋을
더한다

예쁜 그릇에 담겨 나오는 멋진 요리를 보면 눈이 번쩍 뜨이고 마음이 한껏 설렌다. 요리가 훨씬 더 맛있게 느껴지면서 그야말로 '요리는 눈으로 즐기는 것'이란 말을 실감하게 된다. 맛뿐 아니라 감미로운 향과 예쁜 모양까지… 오감을 자극하며 요리의 매력이 더 빛을 발한다.

인테리어에서 장식은 요리를 담은 그릇이나 담는 법과 같은 역할을 한다. 가족이 함께 고른 소파 위에 색이 선명한 쿠션을 놓고, '생활의 중심'인 테이블 아래에 기분 좋은 감촉의 러그를 깔면, 시각과 촉감 등 오감에 따뜻한 감성까지 더해져 집의 매력이 한층 더 돋보인다.

집 안 정리가 끝났다면 인테리어 장식에 도전해보자. 서두를 필요 없다. 마음에 드는 걸 찾고 꾸미는 등 시행착오를 겪으면서 서서히 집에 멋을 더해본다. 인테리어 장식은 각각의 소품들을 맞춰나가면서 전체 분위기를 만드는 것이다.

먼저, 가족이 좋아하는 분위기를 파악하는 것부터 시작한다. 방 전체에 좋아하는 분위기가 감돌면 집에 들어올 때마다 느끼는 안도감도 달라질 것이다. 숙성해가는 와인처럼 시간을 들여 자신의 느낌을 만들어나가는 것이 인테리어다. 완성될 때까지의 과정도 즐기면서 집 안을 장식해본다.

인테리어에 포인트가 되는 소품들

패브릭

효과가 크다

커튼   러그

효과가 작다

쿠션   매트리스 커버

인테리어 용품

미니어처　　　　　　잡화

알록달록한 색깔, 재미있는 모양의 장식품을 이용해 방에 활기가 돌게 한다.

그림　　　　조명　　　　생활잡화

따라 하고 싶은
인테리어 사진을 찾는다

본격적으로 인테리어 장식을 하기 전에 늘 추천하는 방법이 하나 있다. 다양한 잡지와 카탈로그를 보면서 가장 마음에 드는 사진을 한 장 찾아보라는 것이다. 여러 사진을 보다 보면 자신이 무엇을 좋아하고 싫어하는지 알게 되고, 머릿속을 정리하는 데 도움이 된다. 정리가 안 된 상태로 인테리어를 하다 보면 이것도 예쁘고 저것도 예뻐서 결국 어떻게 해야 할지 몰라 혼란에 빠지게 된다. 꼭 사진을 찾아 생각을 정리한다.

여성들에게 인테리어 취향을 물어보면 대부분 '심플한 인테리어'라고 대답한다. 하지만 실제로 사진을 한 장 고르게 해보면, 어떤 사람은 북유럽 스타일을 고르는가 하면, 어떤 사람은 물건을 최대한 배제한 스타일을 고르고, 어떤 사람은 미니멀 디자인이나 모노톤의 색을 고르는 등 취향이 가지각색이다.

단순히 '심플한 인테리어'라고 말하면 떠오르는 이미지가 너무 많기 때문에 실제로 어떤 스타일을 원하는지 알기가 어렵다. 사진을 통해 자신이 추구하는 인테리어를 시각적으로 확인한 다음 작업에 들어가면 고민하는 시간도, 실패할 확률도 줄어든다. 사진을 골랐다면 사진 속 인테리어를 분석해 자신이 좋아하는 특징들을 정리하고 집에 어떻게 반영할지도 생각한다.

사진 속 인테리어가 마음에 드는 이유를 찾는다

이상적인 인테리어 사진을 찾았다면 그 사진이 왜 좋은지 이유를 생각해본다. 이유가 구체적이면 구체적일수록 인테리어를 할 때 큰 도움이 된다. 예를 들어, 사진 속 커튼이 마음에 든다면 같은 배색이나 무늬를 찾아본다. 전체적인 분위기가 마음에 든다면 비슷한 소품을 찾아볼 수 있다. 어떤 일이든 지향하는 바가 뚜렷하면 움직이기 편하다. 과정을 즐기면서 작업한다.

잡지에서 마음에 드는 사진을 발견했다. 어떤 점이 좋았을까?

1 커튼이나 의자의 천, 러그 등 패브릭이 좋다면 같은 분위기의 색이나 무늬를 찾아본다.

2 전체적인 톤이나 색이 마음에 든다면 방에 배치할 소품의 색을 통일한다.

3 배치가 좋았다면 가구의 위치를 바꿀 때 참고한다.

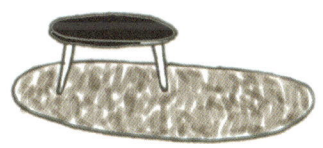

4 건물 자체의 분위기나 일조량, 창문에서 보이는 풍경은 따라 할 수 없으므로 참고만 한다.

큰 것부터 작은 것 순으로 더해나간다

사진도 찾았고 대충 인테리어의 방향이 보이기 시작했다면, 방에 장식용 소품들을 배치해본다. 가장 먼저 커튼, 러그, 벽에 거는 큰 그림 등 비교적 큰 아이템들을 들여놓는다. 크기가 큰 것들은 인테리어 효과가 크기 때문에 방 분위기를 한 번에 바꾸는 힘이 있다. 처음에 큰 아이템들을 배치해 공간 전체의 이미지를 사진과 비슷하게 만들고, 그런 다음 소품 같은 작은 아이템을 이용해 매력을 더한다. 이렇게 하면 방향성이 흔들릴 일 없이 초기 단계부터 짜임새 있게 진행할 수 있다.

큰 아이템 중에서도 가장 신경 써야 하는 것은 커튼이다. 커튼은 한쪽 벽면 대부분을 덮어버리기 때문에 방의 분위기를 좌우

커튼을 가까이에서 봐야 한다면
무늬와 색이 무난한 커튼을 고른다.

한다. 무늬나 색이 진한 커튼을 가까이서 보면 무척 답답하므로, 창문 근처에 앉는 경우가 많다면 무늬와 색이 무난한 커튼을 고르는 게 좋다. 가까이에서 커튼을 바라볼 일이 많지 않다면 무늬와 색이 강해도 상관없다.

커튼 다음으로 인테리어 효과가 큰 물건이 러그다. 조연의 역할을 훌륭하게 해낼 러그를 고른다. 방 전체의 분위기가 강하지 않다면 악센트를 주는 짙은 색을, 방과 무난히 어울리게 하고 싶다면 바닥에 묻혀갈 수 있는 색을 고른다.

그 밖에 포인트가 되는 그림이나 태피스트리, 조명기구, 작은 가구 등은 크기에 주의하며 고른다.

커튼을 멀찍이 떨어져서 풍경처럼 보게 된다면 강한 무늬도 괜찮다.

장식을 더하면서 분위기를 완성한다

방에 가구만 들여놓은 상태

Step 1 커튼을 단다

세련된 느낌 짙은 색 커튼이 공간에 악센트를 준다.

내추럴한 느낌 화이트 계열 커튼으로 편안한 분위기를 조성했다.

Step **2** 러그를 깐다

세련된 느낌 커튼 색이 진하므로 러그는 밝은 색을 선택했다.

내추럴한 느낌 둥근 러그를 깔아서 분위기가 한층 더 부드럽다.

Step
3 소품을 배치한다

세련된 느낌 각진 장식장과 짙은 색의 쿠션으로 마무리했다.

내추럴한 느낌 조명과 쿠션으로 내추럴한 분위기를 강조했다.

원하는 분위기가 안 나오면 벽과 바닥을 체크한다

아래 그림은 거실을 모노톤으로 통일한 뒤 북유럽 스타일의 하얀 원목 테이블을 놓아 모던하게 꾸미려고 했는데 생각대로 되지 않은 경우다. 이유가 뭘까? 벽이 텅 비어서 썰렁한 느낌이 들기 때문이다. 벽면을 메워줄 가구와 바닥을 덮어줄 러그를 더하면 방이 입체적으로 변한다. 원하는 분위기가 잘 나오지 않을 때는 큰 부분이 채워졌는지 체크해본다.

before 　모노톤의 모던한 분위기를 내려 했는데 썰렁하다.

after 선반장과 러그로 벽과 바닥을 덮으니 입체감이 살아났다.

인테리어 고민 상담 ①

어디서부터 시작해야 할지 모르겠다
마음에 드는 가구를 들여놓았는데 방 분위기가 썰렁하다. 이럴 때는 강한 느낌이나 짙은 색, 무늬가 들어간 소품들을 배치해서 포인트를 준다.

before 가구를 들여놓았는데 방 분위기가 썰렁하다.

after 러그와 큼직한 소품 몇 개를 더했을 뿐인데 분위기가 확 바뀌었다.

인테리어 고민 상담 ②

가구가 서로 어울리지 않는다

올리브색의 낮은 장에 TV를 놓았는데 가죽 소파나 나무 테이블과 따로 노는 느낌이 든다. 이럴 때는 묵직한 느낌을 뒷받침해줄 소품을 더한다. 블랙 계통의 조명기구와 그림을 더하면 TV대와 조화를 이룰 수 있다.

before　올리브색 장과 가죽 소파, 나무 테이블이 제각각 따로 논다.

after 검은색 조명기구와 그림, 소품을 배치해 통일감을 주었다.

색깔은
통일감 있게 맞춘다

 인테리어 장식은 먼저 큰 아이템을 배치해 분위기를 살린 뒤, 작은 아이템을 더해 통일감을 준다. 이때 새로 더하는 아이템은 이미 인테리어에 쓰인 색과 같은 색으로 골라야 한다. 이렇게 색깔을 맞추면 방 전체에 통일감이 연출된다.

 단, 색깔을 맞출 때는 신중해야 한다. 같은 핑크 계열이어도 형광색에 가까운 핑크가 있는가 하면 부드러운 연분홍이 있다. 색의 계열이 같더라도 톤이 다르면 통일감이 들지 않는다는 사실을 기억한다.

Case 1

가구의 색을 통일했다. 전부 통일하지는 못하더라도 어딘가 연결고리가 있다면 괜찮다.

Case 2

커튼과 소파의 패브릭을 통일했다. 가구의 색이 달라도 이런 식으로 매치하면 조화를 이룬다.

배색에 대해 생각한다

Case 1
한 가지 색으로 통일하면
실패할 리는 없겠지만 심심하다.

Case 2
모자와 상의, 하의의 색을 맞추고
가방에 포인트를 줬다.
맞춰 입기가 비교적 쉽고
단조로움에서 탈피할 수 있다.

Case 3
컬러풀한 조합은 개성적이긴 하지만
세련되게 연출하기가 쉽지 않다.

➡ 옷의 스타일링을 생각하면 색으로
통일감을 연출한다는 게 이해하기
쉽다.

옷장이나 수납장 등 가구의 문이 많으면 색의 효과도 커진다.

통일할 수 있는 것들을 찾는다

Case 1 큰 가구와 의자의 색을 맞춘다.

Case 2 조명기구와 쿠션의 색을 맞춘다.

면적이 작아서 시도해보기가 쉽다

Case 3 소파의 색과 러그 무늬의 색을 통일한다.

Case 4 커튼과 소품의 색을 통일한다.

눈에 띄는 아이템으로 포인트를 준다

마지막으로 눈에 띄는 소품을 배치한다. 이 단계에서 완성도가 크게 달라진다. 눈에 띄는 소품은 사람들의 시선을 모으는 인테리어 포인트가 된다. 포인트 아이템으로는 40~50cm 정도의 긴 꽃병이나 조명기구 또는 벽에 거는 그림을 추천한다. 모두 비교적 큰 소품들이므로 넓은 공간에서도 묻히지 않고 존재감을 발휘한다. 꽃병이나 조명기구는 색이 짙거나 선명한 것이 포인트로 삼기에 좋다.

before 소파와 테이블, TV대뿐이던 방에 블라인드를 달고 화분을 놓고 러그를 깔고 쿠션을 올려놓았지만 왠지 부족한 느낌이 든다.

after 썰렁함의 원인은 벽이다. 방에서 넓은 면적을 차지하는 벽이 텅 비어서 썰렁한 느낌이 드는 것이다. 큼지막한 그림으로 벽을 채우면 포인트가 되어 눈길을 사로잡는다.

방을 처음 봤을 때 눈에 확 띄는 아이템이 있으면 인테리어의 완성도가 크게 높아진다.

평범한 소품도 크기나 색을 바꾸면 포인트가 된다

Case 1

꽃병을 놓거나 그림을 걸어도 좋겠지만, 색깔 있는 식탁의자로 바꾸기만 해도 느낌이 180도 바뀐다. 개성 있는 인테리어를 연출하고 싶은 사람에게 추천한다.

after

before

Case 2

책장을 하나만 둘 게 아니라 3개로 늘려 벽면 가득 배치하면 방의 포인트가 된다. 꽃병이나 그림 등 작은 소품도 수량을 늘리면 강한 인상을 줄 수 있다.

after

before

장식을 바꿔가며 인테리어에 변화를 준다

인테리어가 끝나고 분위기 있는 공간이 완성되었다.

 가족이 함께 새로운 인테리어 소품들을 보러 가고

시즌별로 인테리어를 바꿔보고

 가족이 좋아하는 물건을 장식해 본다.

인테리어 장식,
바꿔가며 즐겨요

인테리어 장식을 통해 온 가족 마음에 쏙 드는 집이 완성되었을 거예요. 수고를 들인 만큼 집에 더 애착이 생기지 않았을까요? 인테리어는 한 번 마쳤다고 다 끝난 것이 아니에요. 앞으로도 계속해서 바꿔주고 보완해가면서 즐기세요.

방을 환하게 하는 컬러풀한 커튼을 단다.

수납장 위도 멋지게 꾸민다.

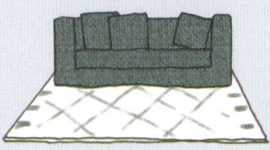

소파와 잘 어울리는 흰색 계열의 러그를 깐다.

방에 어울리는 포스터를 건다.

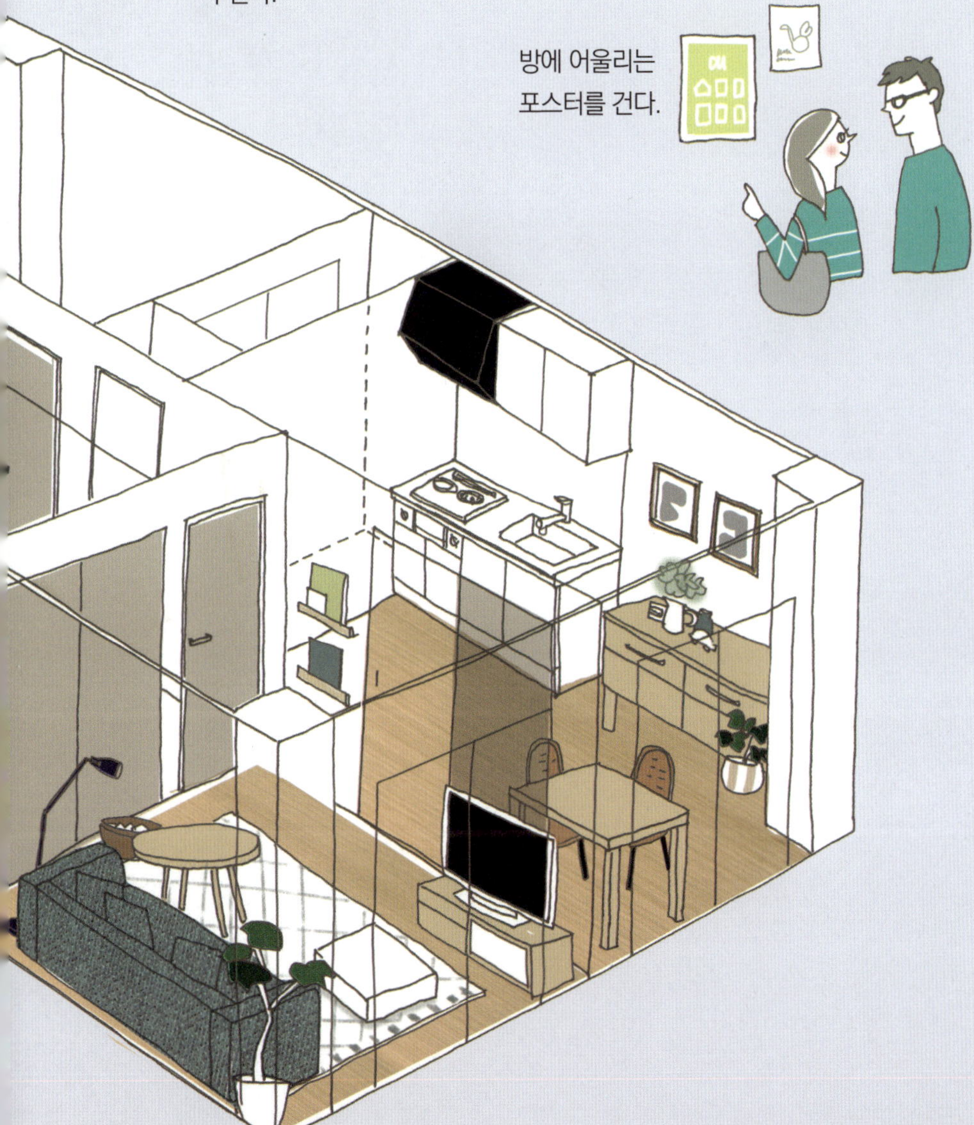

Chapter 2

집 구하기 & 가구 고르기

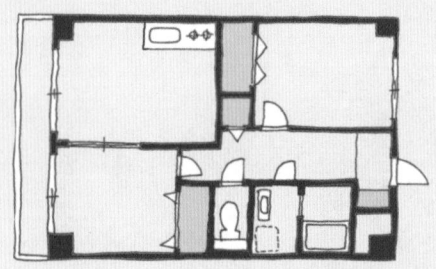

공간 디자인은 집에 따라 달리 적용되어야 한다. 가장 중요하고도 기본이 되는 것이 집을 구하는 일이다. 좋은 집을 구하려면 원하는 조건을 확실하게 정해 철저히 조사하고 빠르게 움직여야 한다. 집을 구할 때 가장 중요한 조건은 무엇인지 배워보자.

Part 1

집 구하기

가구 고르기

집 구할 때 꼭 알아두어야 할 것들

좋은 집을 구하기 위해 기꺼이 발품을 판다

집은 언제 어떤 집이 나올지 알 수 없는 예측 불가능한 상품이다. 원하는 조건에 맞는 집이 운 좋게 시장에 나오리라고 장담할 수 없다. '집과의 만남은 인연'이라 마음먹고 여유를 가지며 찾는다.

살게 될 동네를 미리 살펴본다

집은 하늘의 별만큼이나 많다. 마음에 드는 집을 최대한 빨리 찾으려면 정확한 조건으로 범위를 좁혀가야 한다. 먼저 살게 될 동네부터 정한다. 현장 답사를 하는 것이 효과적이다.

집 구하기

가구 고르기

**절대로 포기할 수 없는
조건을 정한다**

원하는 조건을 확실하게 정해두면 집을 찾기 쉬워진다. 조건이 몇 가지든 상관없다. 일단 다음 3가지에 대해 가족이 함께 이야기를 나눠본다.

- 개인적인 호불호
- 원하는 인테리어 분위기
- 집에 대한 꿈, 하고 싶은 것

**사전 조사는 철저히,
집 구경은 빠르게**

조건에 맞는 집이 나오면 만족스러운지 확인한다. 좋다는 확신이 들면 집을 보러 간다. 집을 볼 때는 건물 분위기가 어떤지, 환기는 잘되는지, 햇빛이 얼마나 들어오는지 등을 살피고 결정한다.

좋은 집을 구하기 위해 기꺼이 발품을 판다

이사 준비는 살 집을 찾는 것부터 시작된다. 뜬구름 잡는 소리라고 생각할지도 모르지만, 집과의 만남은 인연이다. 내가 집을 구하러 다니던 시절, 마음에 드는 집을 쉽게 찾는 비결은 없냐고 물어보면 부동산중개인들은 한결같이 '집은 인연'이라고 말하곤 했다. 처음엔 성의 없는 대답처럼 들렸지만, 마음에 드는 집을 찾는 데 들이는 시간이 길어질수록 그 말의 의미가 점점 이해되기 시작했다.

집이 시장에 나와 팔리기까지의 과정은 중고품 거래와 비슷하다. 홀연히 나타났다가 구매자가 정해지면 그 자리에서 차례대로 사라진다. 사라진 물건은 당연히 두 번 다시 시장에 나오지 않는다. 그때 사야 했다며 후회해도 때는 이미 늦다. 처음부터 다시 찾아야 한다.

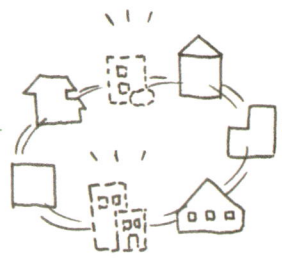

집을 구할 때는 가전제품이나 화장품을 살 때와 같은 소비 감각을 과감하게 버려야 한다. 골동품이나 중고품을 사들일 때처럼 나오면 바로 사겠다는 자세로 임해야 한다.

이사하는 때가 좋은 집이 나오지 않는 시기라고 해서 적당히 골랐다가 실패한다면 너무 안타까운 일이다. 인연이 어딘가 있다고 생각하면 희망이 생기고 기다리는 시간도 덜 힘들다.

살게 될 동네를
미리 살펴본다

집과의 만남은 예측 불가능한 것이니 인연이라 생각하고 찾아야 한다. 그렇다고 '인연이 제 발로 찾아올 때까지 기다려볼까….' 하고 여유를 부려서는 곤란하다. 어떻게 될지 알 수 없는 만남인 만큼 하루라도 빨리 좋은 집을 찾도록 노력해야 한다.

수많은 집들 중에서 원하는 집을 찾아내기 위해 먼저 정해야 할 것이 '살게 될 동네'다. 집은 너무 마음에 드는데 생각해보니 회사까지 거리가 약 2시간…. 이런 이유로 포기하는 일이 없도록 살게 될 동네나 집세 등 현실적인 희망사항을 처음부터 확실히 정리해둬야 한다. 살게 될 동네, 다시 말해 지역을 정할 때 생각해야 할 것은 다음 3가지다.

① 출퇴근 시간
② 선호하는 동네
③ 부모님이나 친구 집과의 거리

나는 집을 찾을 때 후보 지역 몇 곳을 정한 다음, 미리 그 동네를 걸어본다. 아무 생각 없이 부동산중개인이 이끄는 대로 무작정 따라갔다가 동네가 마음에 들지 않아 다시 원점에서 출발해야 하는 것처럼 번거롭고 시간 낭비인 게 없다. 동네를 먼저 정하고 분위기를 미리 알아두면 집 구하기가 훨씬 수월하다. 이곳에서 살게 될지도 모른다는 마음으로 동네를 걷다 보면 새로운 생활에 대한 기대감이 점점 부풀어 오를 것이다.

살게 될 동네가 마음에 들면 방이 작거나 지하철역에서 멀더라도 조금은 양보가 된다. 앞으로 오랜 기간 함께 지낼 동네. 가족이 함께 살고 싶은 동네를 한번 걸어보는 것도 좋을 것이다.

살고 싶은 동네를 한번 걸어본다

Check 1 카메라나 지도는 필수품.
걸으면서 동네 이름을 기억해두면
집 정보를 볼 때 판단하기 쉽다.

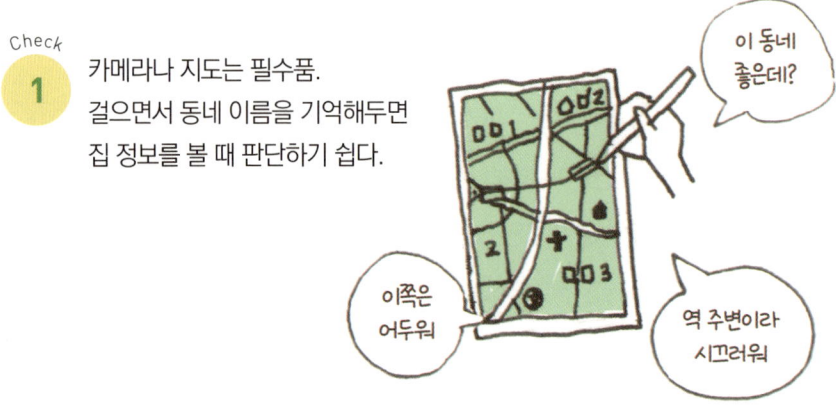

Check 2 차에서 내려 반드시 걸어본다.
차로 이동하다 보면 작은 부분을
놓치기 쉽다.

Check
3 건물 높이나 밀집도를 자세히 확인한다.

Check
4 동네의 분위기를 확인한다. 사람이 얼마나 지나다니는지도 직접 걸어보지 않으면 알 수 없다.

그 동네에서 살고 있는 모습을 그려본다

Check 1
매일 장을 보게 될 슈퍼에 가본다.
몇 시에 닫는지도 중요하다.

Check 2
동네에 맛집은 있는지 찾아본다.
바쁘면 외식할 수도 있다.

Check
3 버스노선과 배차 간격을 확인한다.

Check
4 정류장까지 가는 길을 걸어본다.
언덕이나 가로등이 있는지 확인한다.

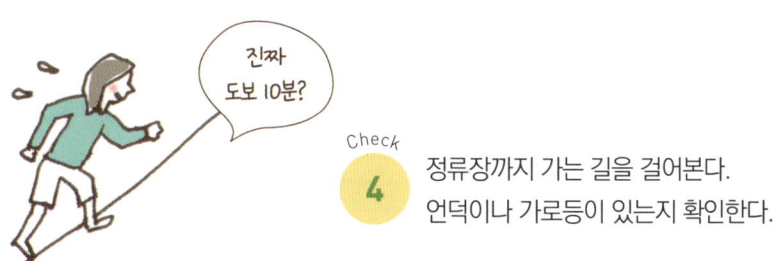

Check
5 일요일을 느긋하게 보낼 수 있는 장소를 찾아본다.

절대로 포기할 수 없는 조건을 정한다

집을 구하러 다닐 때 매주 여러 부동산중개소를 찾아다녔는데, 그때 중개인이 무심코 한 말이 있었다. "어떤 집을 보여줘도 고민하는 분께는 소개를 잘 안 하게 됩니다. 다음에 새로운 집을 보여줘도 결정을 못 하실 테니까요." 어떤 집을 봐도 결정을 못 내리던 나에게는 가슴이 철렁하는 이야기였다.

집은 구하는 사람의 희망사항이 명확할수록 정하기가 쉽다. 희망사항이란 곧 집을 구할 때 살피는 조건이다. 집을 쉽게 찾기 위해서는 이 조건을 제대로 정해두는 것이 중요하다. 다시 한번 다음 3가지 조건에 대해 함께 이야기해본다.

1. 개인적인 호불호
2. 원하는 인테리어 분위기
3. 집에 대한 꿈, 하고 싶은 것

❶은 왠지 모르게 마음이 끌리거나 마음이 안 가는 것으로, 정신적인 부분이다. 이것을 무시할 경우 막상 살면서 큰 문제가 될 수 있으니 주의한다. ❷와 ❸은 인테리어와 관련된 부분이다. 멋진 인테리어를 위해서는 집의 구조와 설비, 바닥재도 중요하다. 집을 찾기 시작한 초기부터 조건을 정해두면 마음에 드는 집을 찾기도 쉬워진다.

　그 부동산중개인은 이어서 말했다. "넓고 환하고 깨끗할 것. 이런 뻔한 조건은 의미가 없습니다. 누구나 똑같이 요구하는 사항이기 때문에 어떤 집을 추천해야 할지 알 수가 없거든요. 저희로서는 까다롭더라도 꼭 갖췄으면 하는 조건을 2~3가지 말해주는 손님이 진행을 빠르게 할 수 있어 좋습니다."

집에 대한 생각을 함께 이야기한다

1 개인적인 호불호

주변 환경, 층수, 건물의 방향, 입지 등을 정할 수 있다.

2 원하는 인테리어 분위기

건축 연수나 주거형태, 구조, 내장재 등을 고를 수 있다.

3 집에 대한 꿈, 하고 싶은 것

원하는 일을 하며 즐길 수 있는지 집의 구조를 살펴본다.

집을 볼 때 주의할 점

Caution 1 똑같은 '도보 10분'이어도 정말로 10분 후에 도착할 수 있는지는 알 수 없다.

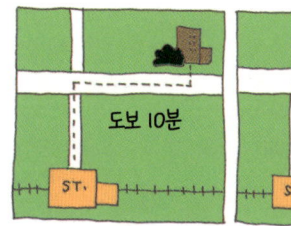
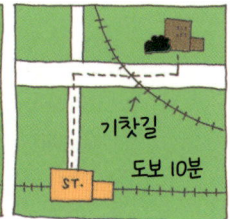

Caution 2 같은 층이어도 주변 환경에 따라 분위기가 달라진다.

Caution 3 같은 면적이라도 천장 높이에 따라 체감하는 넓이가 달라진다.

☑ **집 정보 체크 포인트**

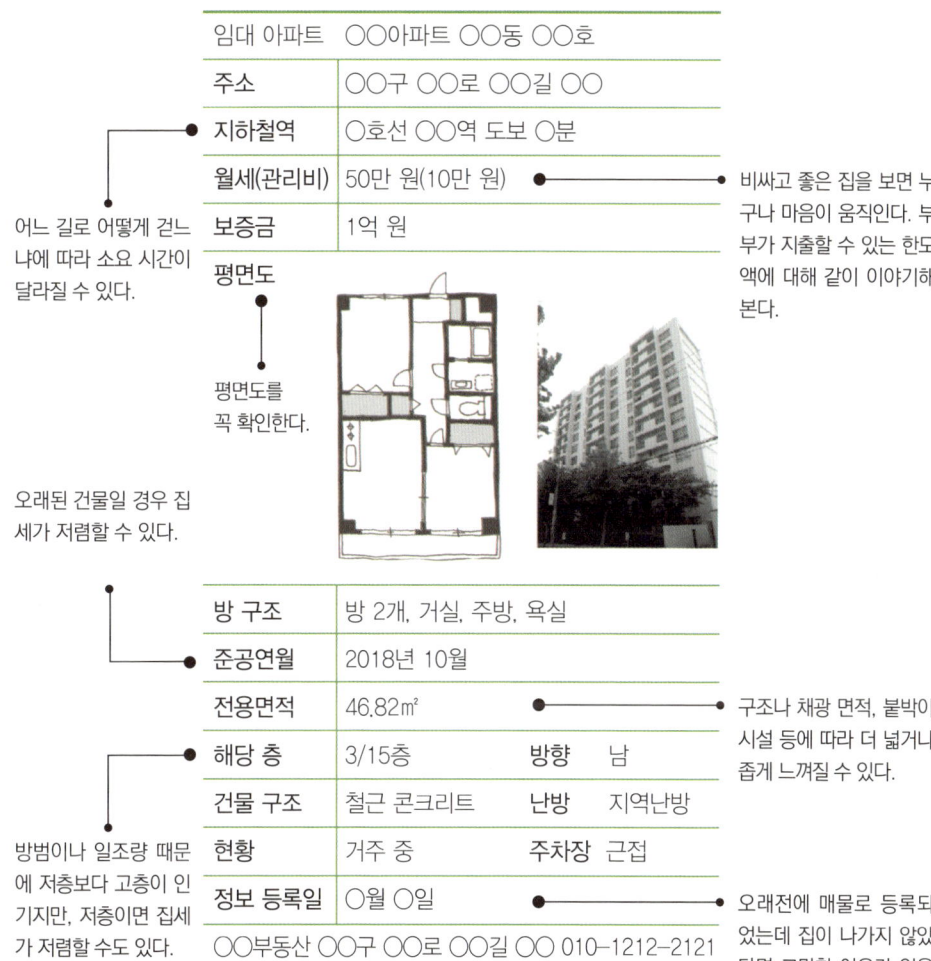

임대 아파트	○○아파트 ○○동 ○○호
주소	○○구 ○○로 ○○길 ○○
지하철역	○호선 ○○역 도보 ○분
월세(관리비)	50만 원(10만 원)
보증금	1억 원
평면도	

평면도를 꼭 확인한다.

어느 길로 어떻게 걷느냐에 따라 소요 시간이 달라질 수 있다.

비싸고 좋은 집을 보면 누구나 마음이 움직인다. 부부가 지출할 수 있는 한도액에 대해 같이 이야기해 본다.

오래된 건물일 경우 집세가 저렴할 수 있다.

방 구조	방 2개, 거실, 주방, 욕실		
준공연월	2018년 10월		
전용면적	46.82㎡		
해당 층	3/15층	방향	남
건물 구조	철근 콘크리트	난방	지역난방
현황	거주 중	주차장	근접
정보 등록일	○월 ○일		
○○부동산 ○○구 ○○로 ○○길 ○○ 010-1212-2121			

구조나 채광 면적, 붙박이 시설 등에 따라 더 넓거나 좁게 느껴질 수 있다.

방범이나 일조량 때문에 저층보다 고층이 인기지만, 저층이면 집세가 저렴할 수도 있다.

오래전에 매물로 등록되었는데 집이 나가지 않았다면 그만한 이유가 있을 수도 있다.

조건에 맞는 집 찾는 요령

1 개인적인 호불호 ➡ 입지

원하는 조건	조건에 맞는 집
소음만은 참을 수 없다	대로변은 피한다. 지도를 보고 정확한 위치를 조사해둬야 집을 보러 갔을 때 실망하지 않는다.
어두운 집은 절대 안 된다	남향이 가장 좋고, 서향도 괜찮다. 베란다가 있으면 집이 환하지만, 층수가 낮으면 앞 건물에 가려져 어두울 수도 있다.
답답한 방은 꺼려진다	천장이 낮거나 주변 분위기가 어두우면 집이 답답하다. 집 정보에 올라온 사진이 있다면 자세히 보고 주변 환경을 확인한다.
환기가 안 되는 방은 싫다	평면도를 보고 창문 수와 위치를 체크한다. 창문이 많으면 바람이 잘 통해 환기가 잘 된다. 욕실에도 창문이 있으면 좋다.
수도와 배관은 청결해야 한다	신축 건물일수록 수도와 배관이 깨끗하고 성능이 좋다. 신축이 아니라면 언제 리모델링했는지 확인한다.

2 원하는 인테리어 분위기 ➡ 건축연수·주거형태

원하는 조건	조건에 맞는 집
모던하고 깔끔한 인테리어	단독주택이나 일반 아파트 모두 괜찮다.
내추럴하고 심플한 인테리어	아파트가 제격이다. 신축 아파트일수록 바닥과 내장재에 내추럴한 느낌을 살렸다.
개성을 살린 인테리어	아파트는 내장재와 구조가 평범하다. 개성 있는 인테리어를 원한다면 주택이나 목조건물을 고른다.

3 집에 대한 꿈, 하고 싶은 것 ➡ 구조

원하는 조건	조건에 맞는 집
넓은 거실에서 여유롭게 살고 싶다	거실과 식당이 베란다 쪽에 붙어있는 집인 경우, 일반적으로 거실이 넓다.
함께 요리를 하고 싶다	거실을 향해 나있는 개방형 주방이라면 주방 중심의 생활을 즐길 수 있다.
화초를 가꾸고 싶다	베란다가 넓은 집을 고른다. 아파트 1층 집들 중에 화단을 가꿀 수 있는 집도 있다.

사전 조사는 철저히, 집 구경은 빠르게 ①

조건에 맞는 집을 몇 채 골랐으면 사전 조사 삼아 다시 한번 각각의 집 정보를 꼼꼼히 체크해본다. 컴퓨터로 보거나 프린트를 해서 평면도와 외관 사진을 확인한다. 평면도는 3D 상태로 머릿속에 떠올려본다. 실제로 그 안에 있는 것처럼 상상해보자. 상상 속에서 방 안을 천천히 걷다 보면, 방과 방 사이를 왔다 갔다 하기는 편한지, 수납공간은 사용하기 편한 곳에 있는지 등 지금까지 알아채지 못했던 불편한 점들도 보이게 된다.

외관 사진에는 많은 정보가 담겨있다. 주변에 함께 찍힌 건물을 보면 창문 너머의 경치를 알 수 있고, 현관

주변의 정리정돈 상태를 통해 건물 관리가 잘 되고 있는지를 추측할 수 있다.

집 정보만으로 실제 분위기를 알 수는 없지만, 머릿속에 한번 그려보고 나서 직접 보러 가면 실패할 확률이 줄어든다. 시간을 낭비하지 않기 위해 사전 조사를 해둔다.

나의 실패담을 통해 또 한 가지 조언을 하고 싶다. 집을 구할 때 인터넷 부동산사이트를 이용하는 것도 편리하지만, 가까운 부동산중개소를 찾아가 중개인과 함께 직접 보러 다니는 것이 좋다. 인터넷에 소개되지 않고 팔리는 집이 적지 않기 때문이다.

사전 조사는 어디까지나 준비운동이다. 집을 직접 보러 다닐 때부터가 진짜 시작이라는 것을 잊지 않는다.

보고 싶은 집이 있는데요~

생활하기 편리한 집인지 생각해본다

imagination

✓ **주변 환경을 상상해본다**

건물은 청결하게 관리되는가?

주변 건물은 높은가, 낮은가?
➡ 높으면 햇빛이 잘 안 들어온다.

건물 외관 디자인은 좋은가?
➡ 외관 디자인이 좋으면 인테리어도 대부분 좋다.

✓ **쾌적할지 상상해본다**

창문 위치는 어디인가?

욕실은 넓은가?

✓ **수납을 상상해본다**

✓ **가족의 조건에 맞을지 상상해본다**

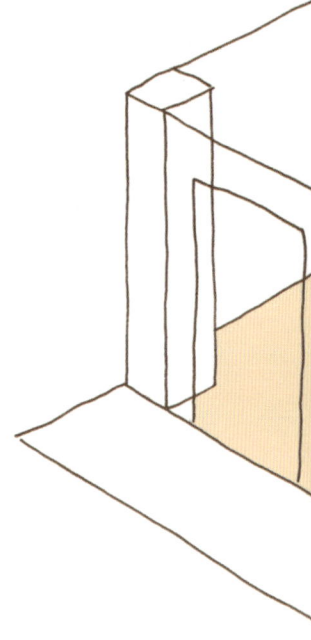

생활하기 편리한 구조인지 상상해본다.

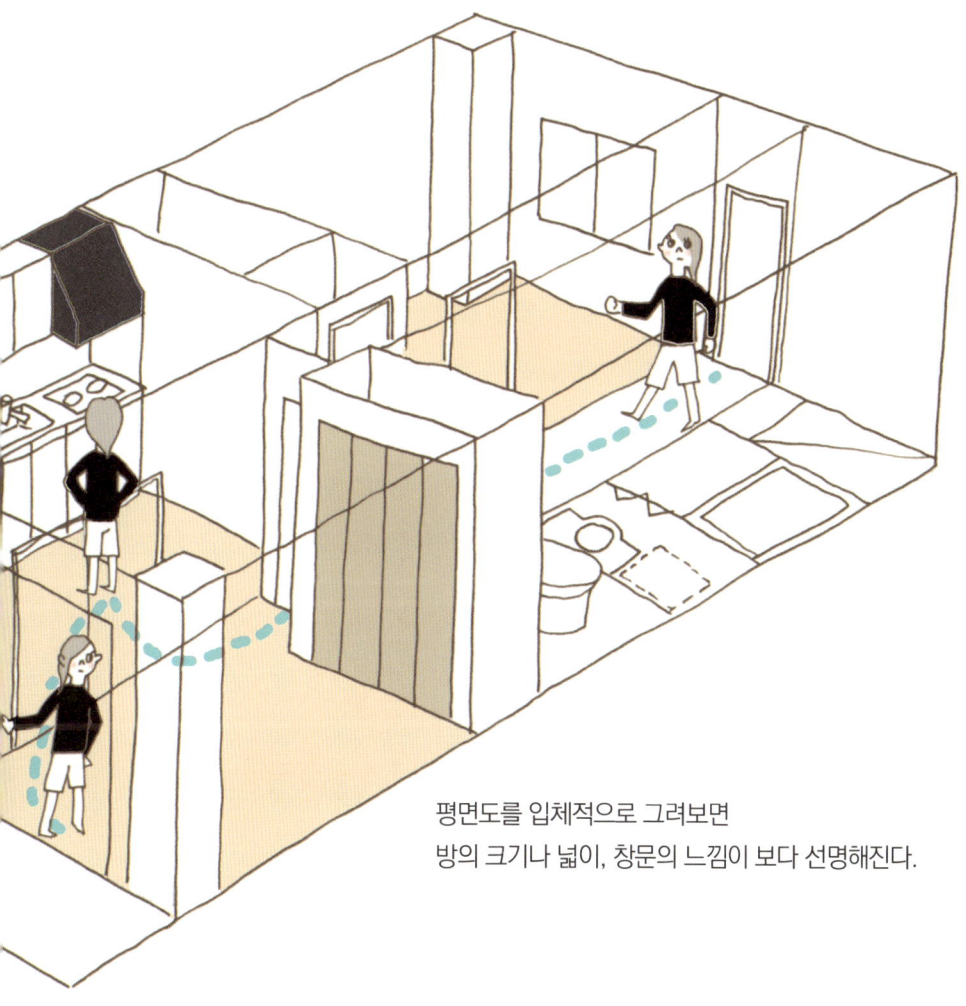

평면도를 입체적으로 그려보면
방의 크기나 넓이, 창문의 느낌이 보다 선명해진다.

사전 조사는 철저히,
집 구경은 빠르게 ②

집을 보러 다닌다는 것은 직접 발로 뛰어다니며 본다는 뜻이다. 부동산중개소에 문의 전화를 하면 날을 정해 집을 볼 수 있다. 오래된 집 정보를 보고 전화를 한 경우에는 계약이 끝난 집이라는 대답을 듣기도 한다. 이런 경우가 종종 있으므로 정보는 새로울수록, 전화는 빨리 할수록 좋다. 사전준비 단계에서 괜찮아 보이는 집이 나타나면 부담 갖지 말고 빨리 전화해보자.

집을 보러 갈 때는 최대한 집중력을 발휘해 모든 조건을 체크한다. 개방감, 밝기, 환기, 경치… 이런 감각적인 부분들은 집을 직접 봐야 확인할 수 있다.

먼저, 늘 쾌적하게 지낼 수 있는 공간인지 판단해본다. 다음으로는 넓이를 확인한다. 당연한 말이지만 가족이 함께 살려면 그만큼의 생활공간이 필요하다.

세면대는 좁지 않은지, 붙박이 가구는 넉넉한지, 큰 침대를 둘 수 있는지 등을 확인한다. 그런 다음 인테리어를 위해 바닥재나 내장재의 색깔과 재질까지 체크하면 완벽하다.

집을 보다 보면 이런저런 욕심이 생기기 때문에 마음속으로 생각한 조건에 딱 맞는 100점짜리 집은 쉽게 나타나지 않는다. 75점 수준에서 타협할지, 좀 더 찾아볼지는 그 집에 살 사람이 정할 문제다. 결정을 미루지 말고 결단은 빠르게 한다.

집을 보러 갈 때는 최대한 집중력을 발휘해 꼼꼼히 체크한다.

집을 보러 갈 때는 이렇게

1 현장에서 안내를 받으면…

집을 보러 가면 역할을 분담해서 철저히 살펴본다.

2 집을 둘러볼 때는…

핸드폰 카메라로 사진을 찍는다.

3 의견을 이야기할 때는…

친절하게 소개를 받았더라도 거절할 때는 확실하게 말한다.

직접 봐야 알 수 있는 것들

- 환기
- 일조량
- 건물이 얼마나 오래됐는지
- 바닥이나 천장의 소재
- 체감 넓이
- 천장 높이
- 벽이나 천장의 두께
- 건물 주변 분위기
- 건물 주변 밝기 등

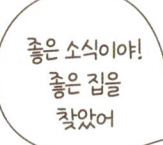
좋은 소식이야!
좋은 집을
찾았어

꼼꼼히 체크하며 집을 보러 다닌다

발로 뛰어 집을 찾는다

마음에 드는 집을 발견할 때까지 직접 집을 보러 다닌다.

천장 높이를 본다

천장이 높으면 바닥 면적이 좁아도 넓게 느껴진다.

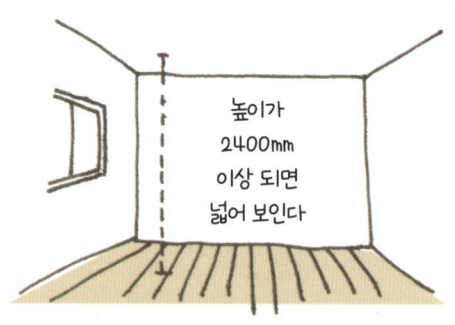

창문 높이를 직접 확인한다

창문 높이에 따라 둘 수 있는 가구와 일조량이 달라진다.

일조량을 확인한다

평면도만 봐서는 일조량을 알 수 없다. 직접 확인한다.

수도를 체크한다

수도 주변이 더러우면 불쾌해진다.

내장재를 꼼꼼히 확인한다

내장재는 방 분위기를 좌우한다.

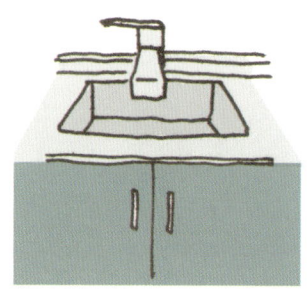

마음에 드는 집을
발견하면 계약한다

여러 집을 보러 다닌 끝에 겨우 집이 정해졌다. 우여곡절이 많았지만 살 집이 정해지고 나면 고민했던 시간이 거짓말처럼 느껴진다. '이 집은 정말 최고야.', '이 동네가 좋아질 것 같아.' 하는 긍정적인 마음들로 가득 차게 된다. 마음에 드는 집이라면 기분이 더 좋아진다.

깊이 고민해보고 앞으로 온 가족이 안락하게 살 수 있는 공간을 만들어나가자.

입금 등의 절차를 진행한다.   그리고 드디어 집 열쇠를 받는다.

길고 길었던 집 구하기도 이제 끝!
마음에 드는 집이라면 애착이 생기고, 꿈도 부풀어 오른다.

집을 구했으면
이제 **인테리어**를 시작해요

마음에 드는 집을 구했다면 본격적인 이사 준비로 몸도 마음도 바빠져요. 그렇다고 아무렇게나 이사할 수는 없지요. 이사할 집의 구조와 방의 크기, 수납공간 등을 체크해 인테리어를 시작하세요. 이사할 집이 아무것도 없는 빈집이라면 체크하기가 편하겠지만, 그렇지 않다면 평면도 등을 참고해 준비하세요.

드디어 집 열쇠를 받았다

욕조
세면대
양변기
수납장

가구는 집 안 분위기를 좌우하고 비용도 많이 든다. 인테리어를 하면서 가족 간에 의견 충돌이 많이 생기는 때도 바로 가구를 고를 때이다. 어떤 것이 유용하고 어떤 것을 갖고 싶은지 서로 많은 이야기를 나눈다.

Part 2
가구 고르기

집 구하기

가구를 고를 때
꼭 알아두어야 할 것들

**가구는 가족의 스토리가
담기는 물건이다**

가구는 가족이 함께 사용하는 물건이다. 인테리어나 생활에 필요할 뿐 아니라 가족의 스토리가 담기는 물건인 만큼 어떤 가구를 어떻게 사용할 것인지 머릿속에 그려보면서 서로 이야기를 나눠 신중하게 고른다.

**크기를
정확하게 잰다**

어떤 가구를 구입하든 크기 측정만은 실수하지 말아야 한다. 너무 커서 들어가지 않거나 미관상 좋지 않거나 동선에 방해가 되는 등, 모처럼 새로 산 물건이 애물단지가 되는 건 너무 슬픈 일이다. 크기를 정확히 체크한다.

집 구하기

가구 고르기

**모양을 맞추면
서로 잘 어울린다**

가구를 구입할 때는 가구의 모양을 맞추는 것이 중요하다. 같은 느낌의 가구라도 심플한 직선형인지 포멀한 라운드형인지에 따라 분위기가 달라진다. 가구의 모양을 맞추면 마음에 드는 가구를 낱개로 들여놓아도 통일감 있게 연출할 수 있다.

**다양한 가구점을
많이 가본다**

가구를 선택하기 전에 다양한 가구점을 돌아보며 가구의 장단점을 파악하는 게 우선이다. 보는 눈이 생기면 어디에서 어떤 가구를 사게 되더라도 자신 있게 고를 수 있다.

가구는 가족의 스토리가 담기는 물건이다

가구를 고를 때 기억해야 할 것이 있다. 가구는 가족이 함께 사용하는 물건이라는 것이다. 스타일, 비용 등 여러 면에서 가족이 함께 이야기를 나눠 결정한다.

그뿐 아니라 가구는 가족의 스토리가 담기는 물건이다. 토요일에 가족이 함께 푹신푹신한 소파에 기대앉아 영화를 보고, 여름밤에 부부가 베란다 테이블에서 맥주를 마시고, 크리스마스 저녁에 가족이 좋아하는 음식을 만들어 함께 식사하는 모습을 상상해보자. 집 안에 추억이 담긴 가구가 하나만 있어도 집은 어느 곳과도 다른 특별한 공간이 된다. 구입한 가구를 어떻게 사용할지 머릿속에 그려보면서 가족과 함께 아름다운 추억을 만들어갈 가구를 구입한다.

예산이 넉넉하지 않더라도 가구는 오래도록 소중하게 사용할 물건이니만큼 신중하게 고른다. 바로 버려도 아깝지 않을 가구만 들여놓다 보면 생활에 활기가 없고 집 안에서 보내는 시간이 즐겁지 않다. 마음에 드는 물건을 천천히 찾아본다. 가구 고르기는 편안한 생활, 보기 좋은 인테리어와 함께 가족의 추억을 만드는 일이다.

가족이 더 가까워지는 가구들

가족이 붙어있을 수밖에 없는 소파

의미 있는 소중한 물건들을
넣어둘 특별한 수납 가구

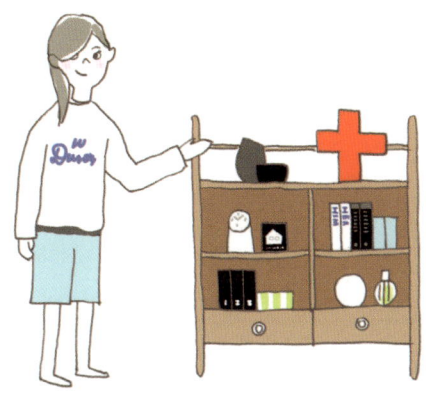

가족의 추억이 쌓여가는 장식장

바깥바람을 쐬기에 좋은
베란다 간이테이블 세트

가족이 늘 함께 사용하는
좌식 테이블

필요성과 예산 등을 고려한다

우리 가족이 생활하는 데 어떤 가구가 필요한지 생각해보고, 합리적인 계획을 세워 구입한다. 합리적인 구입이란 무조건 유행을 따라가거나 자린고비처럼 가격만 보고 선택하는 것이 아니라 필요한 것을 지혜롭게 선택하는 것이다. 마음이야 좋은 가구를 들여놓고 싶겠지만, 예산을 고려해야 한다. 마음에 든다고 다 가질 수는 없는 것이 현실이다. 가족이 함께할 가구에는 좀 더 투자를 해도 좋지만, 그 외의 가구는 아이디어를 짜내 합리적으로 결정한다.

예산이 넉넉하지 않다면, 침대를 포기하고 좋은 소파를 사는 식으로 더 필요한 가구에 집중하거나 식탁 대신 좌식 테이블에서 식사를 하는 등 생활방식을 바꿔보는 방법도 있다. 가구점을 돌아보며 저렴하면서도 괜찮은 가구를 찾아보는 것도 좋다.

결혼을 앞둔 예비부부들의 경우는 가구를 구입할 때 많이 싸운다는 이야기를 자주 듣는다. 결혼 준비에서 가구를 빼놓을 수는 없지만, 지금 당장 모든 것을 다 살 필요는 없다. 살면서 천천히 갖춰나가도 괜찮다. 예산을 어떻게 사용할지, 두 사람의 취향이 다를 때는 어떻게 해야 할지… 의견이 부딪치는 상황은 얼마든지 있다. 싸우더라도 크게 낙담하지 말고 서로를 알아가는 과정이라고 생각하며 긍정적으로 받아들이자. 가구를 고르면서 싸우고 화해하는 것도 모두 서로를 이해하는 좋은 계기가 될 것이다.

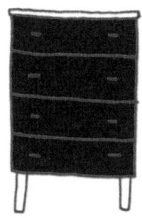 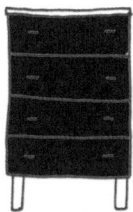

우리 집에 필요한 가구를 체크한다

소파

조금 넉넉한 소파가 좋다. 2인 가족이어도 2인용 소파는 두 사람이 앉기에 좁아 대화하기가 불편하므로 좀 더 큰 것을 추천한다. 앉는 자리가 낮을수록 편안한 분위기를 연출할 수 있다.

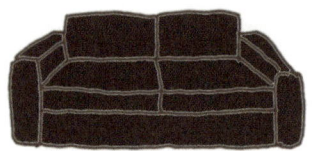

식탁 세트

4인 가족이면 900×1500mm 정도의 식탁이 적당하다. 신혼부부라면 800×800mm짜리 작은 식탁도 괜찮지만, 오래 쓸 계획이면 가족이 늘어나는 상황을 고려해 큰 식탁을 고른다.

수납 가구

오래 사용할지 잠깐 사용할지, 사용 기간을 고려해서 합리적으로 예산을 들인다. 붙박이장이 있다면 활용한다.

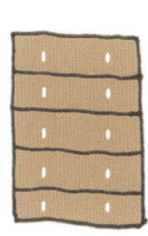
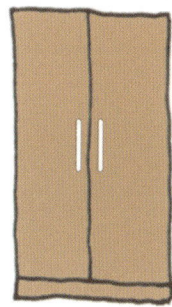

침대

프레임도 중요하지만 숙면의 열쇠를 쥐고 있는 것은 매트리스다. 돈을 더 들일 수 있다면 매트리스에 투자한다. 수면의 질이 올라가면 일상생활의 질도 올라간다.

크기를
정확하게 잰다

가구를 고를 때는 주의해야 할 사항이 몇 가지 있다. 가구들끼리 어느 정도 통일감이 있어야 하고, 오래 사용할 것들이니 좋은 제품을 골라야 한다. 가격이 만족스러워야 하는 것은 물론이다. 그럼 이 조건들을 모두 충족하는 가구를 샀다면 성공일까? 크기가 맞지 않는다면 지금까지의 모든 노력과 수고가 물거품이 되고 만다.

가구가 방에 비해 너무 크거나 균형이 맞지 않으면 동선에 방해가 될 뿐 아니라 미관을 해칠 수도 있다. 가구가 너무 커서 아예 방에 들어가지도 않는다면 그야말로 최악이다. 크기를 잘못 잰 결과는 엄청나다. 모처럼 구입하는 가구니만큼 100% 만족을 목표로 한다. 무엇보다 가구 고르기의 첫 단계인 크기 측정은 절대 실수를 용납해선 안 된다.

가구의 크기를 잴 때 특히 주의해야 할 것은 깊이다. 소파와 책장이 방을 확 좁아 보이게 만드는 이유는 깊이가 깊기 때문이다. 잘 모르겠다면 신문지를 펼쳐서 바닥에 깔아본다. 그 길이가 대부분의 소파 깊이인 800mm와 비슷한데, 생각보다 매우 길다는 걸 알 수 있다. 집이 좁은 경우, 바닥 면적을 잡아먹는 깊은 가구를 놓으려면 최대한 높이가 낮은 가구를 고르는 것이 현명하다.

방의 크기를 재면서 '여기에 깊이 450mm인 서랍장은 너무 크겠네.'라거나 '높이가 1800mm나 되면 엄청 답답해 보이겠는데.'라는 식으로 머릿속에 가구를 들여놓았을 때의 모습을 그려본다. 이렇게 하면 실제로 가구를 구입할 때나 방에 들여놓을 때 도움이 된다.

크기를 잘못 재서 생기는 곤란한 일들

Case 1 가구가 너무 커서 심리적으로 압박감이 느껴진다.

Case 2 크기 측정을 잘못 해서 배치를 포기한다.

Case
3 큰 가구에 욕심 부리다가 오고 가기만 불편하다.

Case
4 깊이가 너무 깊어 미관을 해친다.

이사를 한다면 공간부터 파악한다

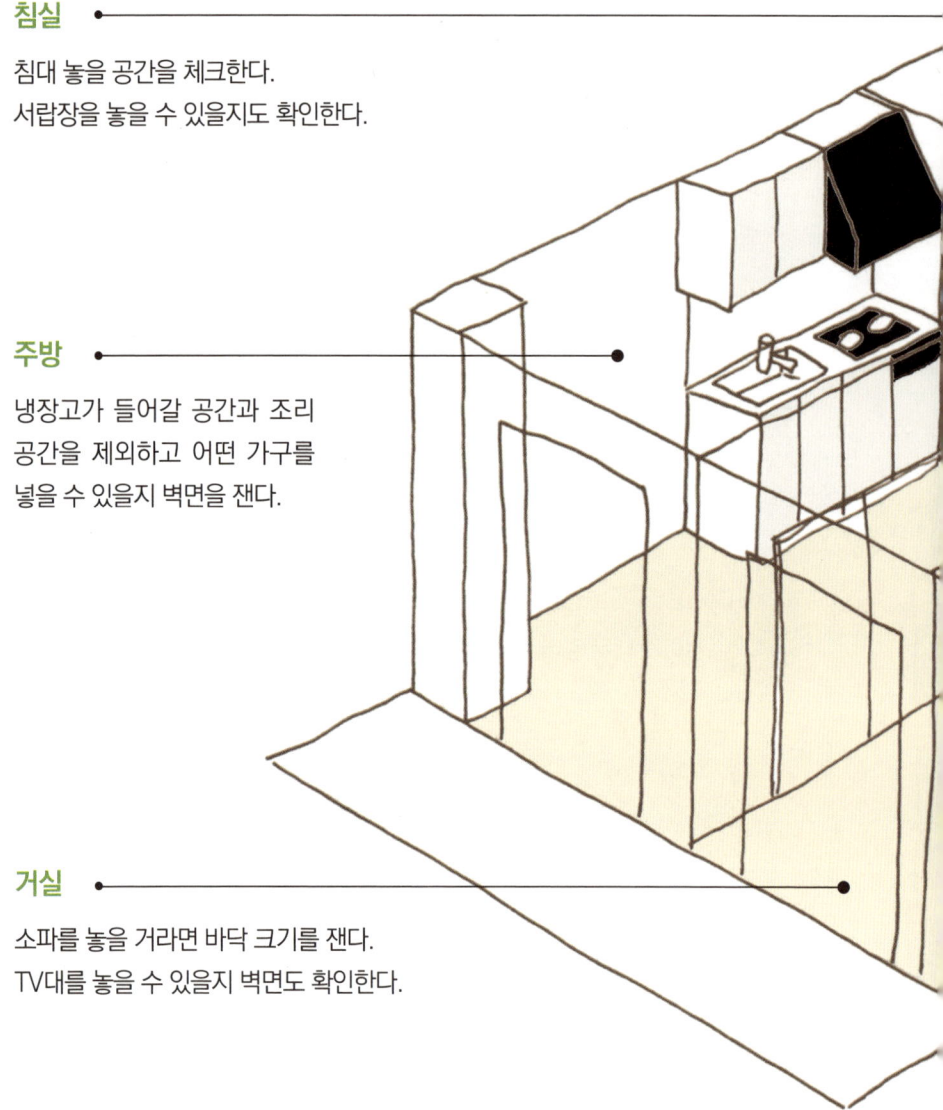

침실
침대 놓을 공간을 체크한다.
서랍장을 놓을 수 있을지도 확인한다.

주방
냉장고가 들어갈 공간과 조리 공간을 제외하고 어떤 가구를 넣을 수 있을지 벽면을 잰다.

거실
소파를 놓을 거라면 바닥 크기를 잰다.
TV대를 놓을 수 있을지 벽면도 확인한다.

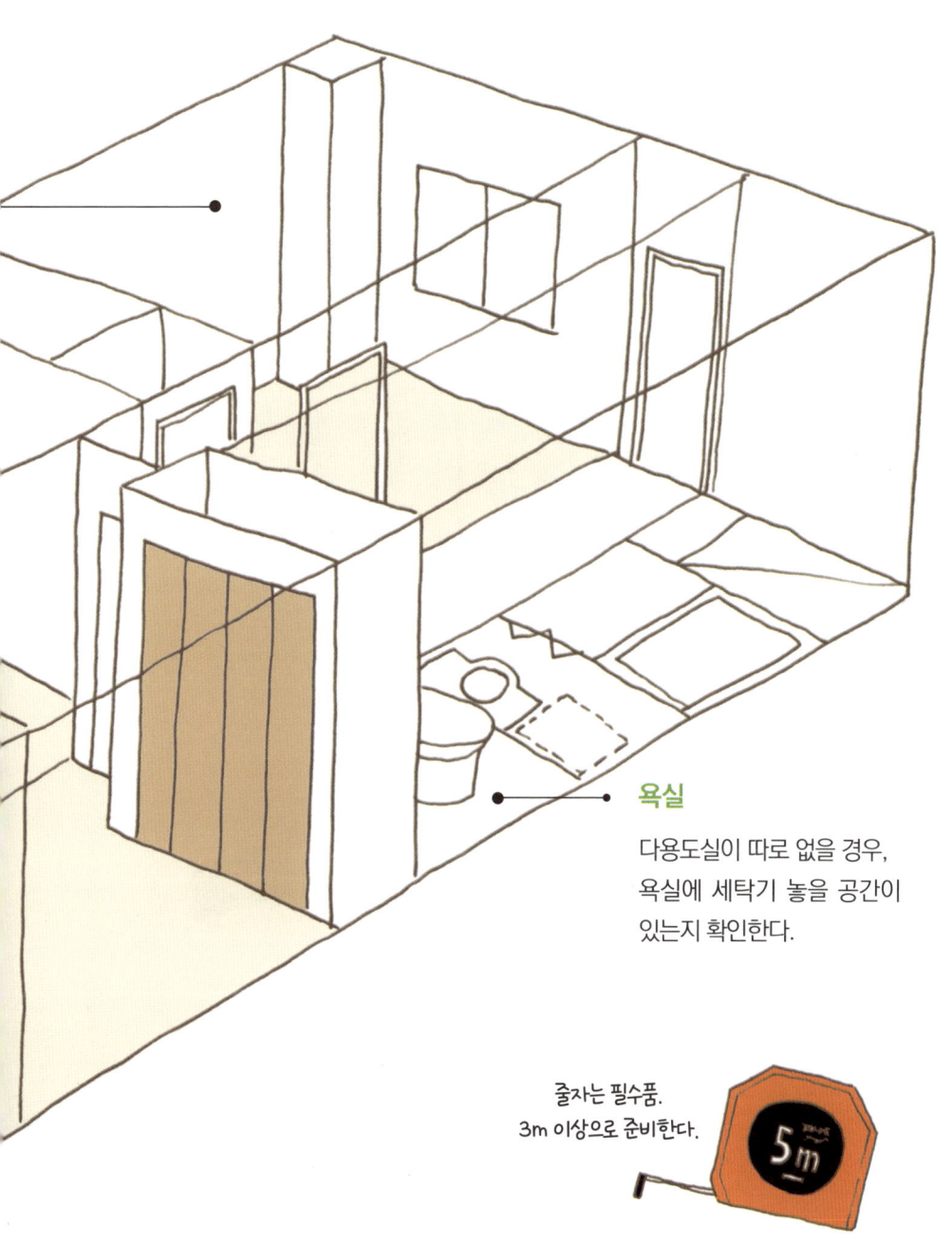

욕실

다용도실이 따로 없을 경우, 욕실에 세탁기 놓을 공간이 있는지 확인한다.

줄자는 필수품.
3m 이상으로 준비한다.

거실

원하는 가구를 놓을 수 있을지 확인한다. 이때 무리해서는 안 된다. 가구가 들어가지 않을 때는 '생활의 중심 (p.26~49)'을 참고해 배치를 다시 검토한다.

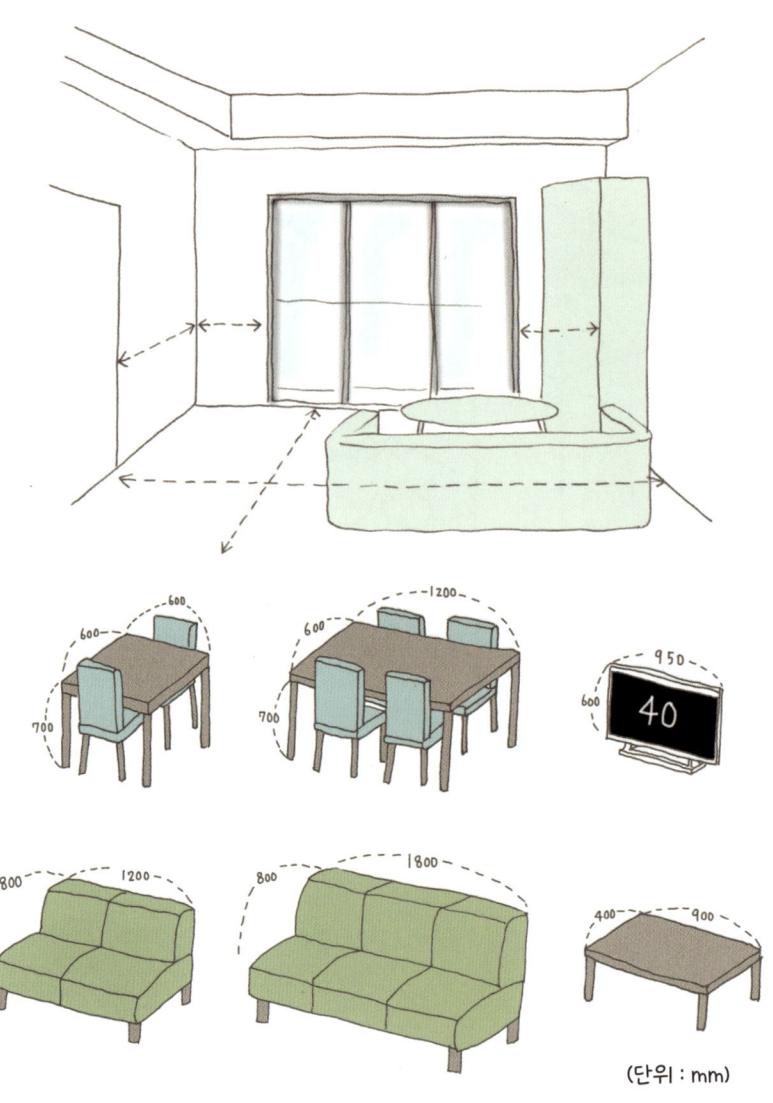

(단위 : mm)

침실

문이나 옷장을 피하다 보면 침대가 겨우 들어가는 크기인 경우가 많다. 원하는 크기의 침대가 들어갈지 확인한다. 이 때 창문 아래 벽 높이도 함께 잰다.

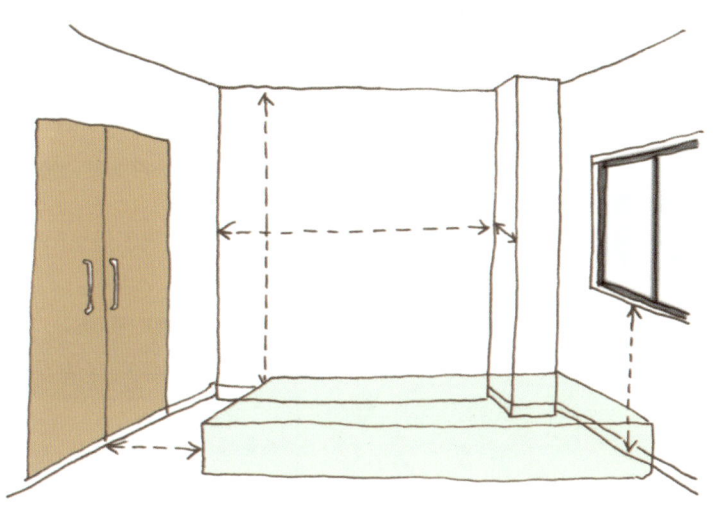

가로 세로 높이 등을 빠짐없이 잰다.

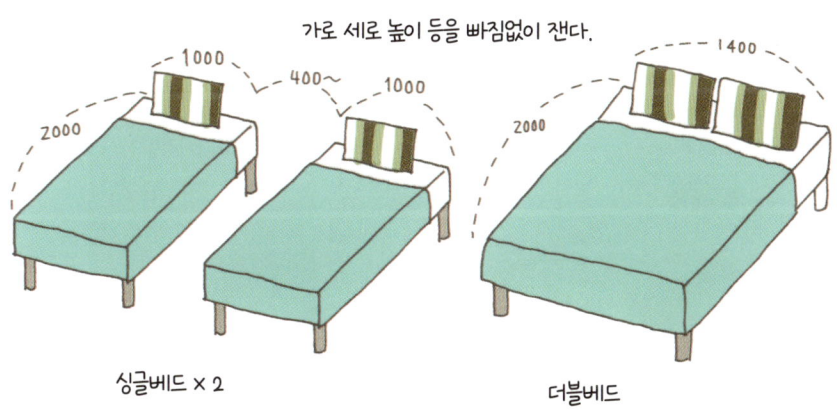

싱글베드 x 2

더블베드

(단위 : mm)

주방

물건이 많은 주방에는 싱크대 수납장 외에 가구가 더 필요하다. 특히 전자레인지를 놓을 장소가 중요하다. 최근에는 전자레인지의 크기가 작아지는 추세이므로 깊이 450mm 정도면 된다.

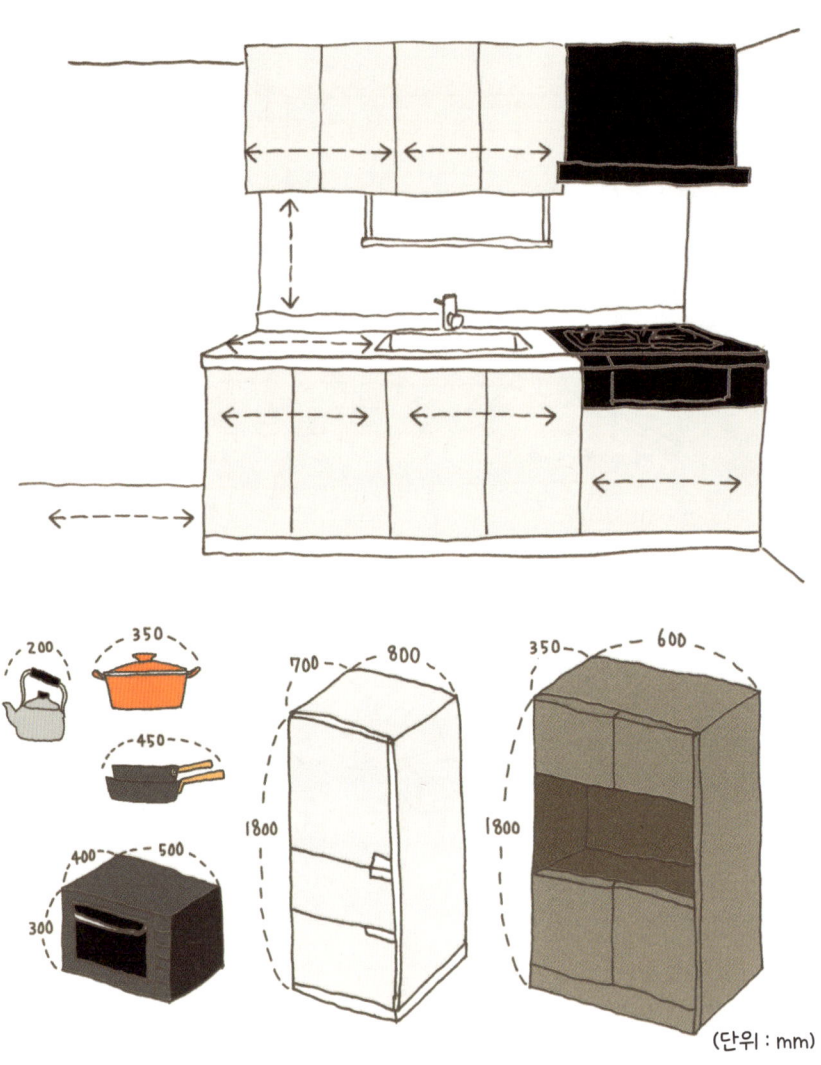

(단위 : mm)

욕실

욕실에도 물건이 많으므로 서랍장이나 선반이 필요하다.
크기를 정확하게 재서 공간을 낭비 없이 사용한다.

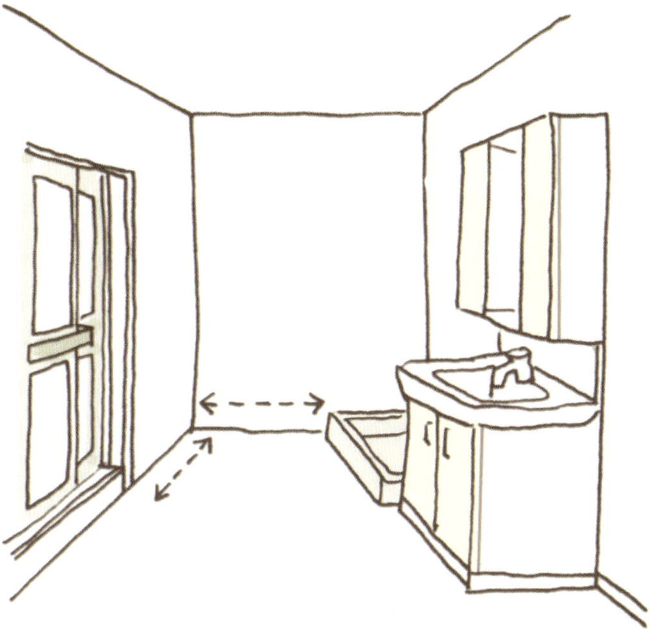

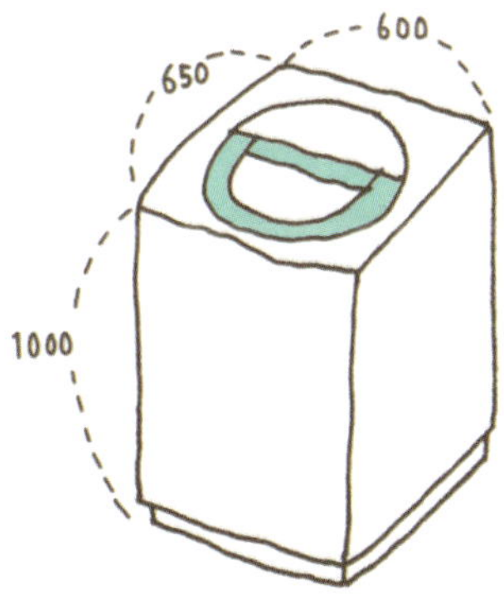

(단위 : mm)

모양을 맞추면
서로 잘 어울린다

어떻게 하면 좋아하는 분위기를 살리면서도, 실패를 줄이고 가구를 현명하게 고를 수 있을까? 결론부터 말하면, 가구는 느낌이 아니라 모양으로 고르고, 모양이 어울리는 것들끼리 모으는 것이 좋다.

새 가구를 한꺼번에 사야 할 때는 특히 눈에 확 들어오는 점을 기준으로 세우는 것이 도움이 된다. 내가 추천하는 기준은 모양이다. 같은 모양으로 들여놓으면 색깔과 소재가 달라도 통일감을 연출하기 쉽다. 가구는 크게 직선형과 라운드형 2가지가 있다. 직선형은 모던하고 세련된 느낌, 라운드형은 부드러운 느낌을 준다.

가구를 살 때는 중심이 되는 가구 하나를 정한 다음, 그 모양에 맞춰서 릴레이를 하듯 다른 가구들을 산다. 둥글둥글한 소파를 샀다면 테이블도 타원형을 고르는 식이다. 이렇게 하면 중심이 되는 가구에 맞춰서 생각하게 되므로, 모두 같은 모양으로 맞추거나 90%는 비슷한 모양으로 정하고 테이블은 조금 독특한 걸 골라 포인트를 주는 식으로 응용도 가능해진다.

주방에서 사용하는 선반이나 책장은 조금 저렴한 제품을 고르고 싶을 수 있다. 또한 같은 소재를 찾지 못해 다른 소재의 가구를 사야 할 때도 있다. 이럴 때 가구의 모양만 잘 맞추면 전체 분위기를 해치지 않고 통일감 있게 연출할 수 있다.

같은 콘셉트라도 모양이 다르면 느낌이 달라진다

직선형 가구

모던하고 세련된 느낌

Scandinavian
북유럽 가구

Masterpiece
명품 가구

라운드형 가구

부드러운 느낌

 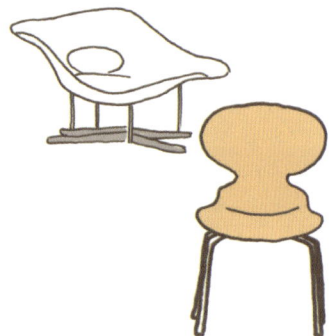

Italian Modern
이탈리아 가구

Plastic Furniture
플라스틱 가구

Used Furniture
중고 가구

가구의 모양을 맞춰 세팅한 인테리어 ①

1 맨 처음 고른 가죽 소파

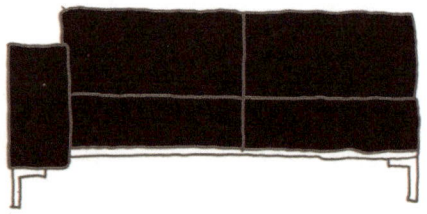

2 유리 재질의 소파 테이블

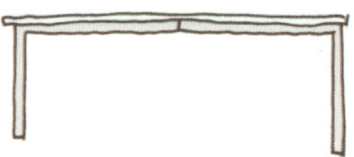

3 나무 재질의 사이드 테이블

4 포인트로 고른 디스플레이용 가구

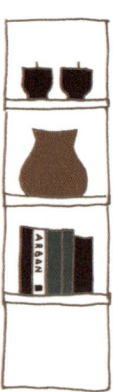

➡ **완성**

소파를 중심으로 모양을 맞췄다. 소재가 달라도 통일감이 든다.

직선형 가구들로 모양을 맞췄다

중심이 되는 가구는 가죽 소파다. 소파의 각진 모양, 가죽의 세련된 분위기 등의 특징에 맞춰, 소파 테이블은 보기에 부담스럽지 않은 철재 다리의 유리 테이블을, 사이드 테이블은 소파와 같은 색의 나무 재질을 골랐다. 장식장도 각진 모양으로 통일했다.

가구의 모양을 맞춰 세팅한 인테리어 ②

1 첫눈에 반해 구입한 철재 수납장

2 수납장에 맞춰 고른 의자

3 분위기에 어울리는 중고 옷걸이

4 따뜻함이 느껴지는 원목 침대

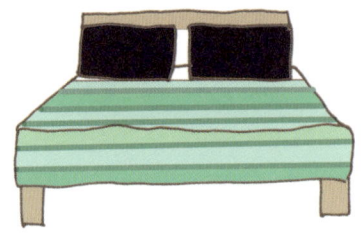

➡ **완성**

침실을 묵직한 가구로 꾸며 자유롭고 멋스러운 느낌이 든다.

아파트에는 거친 느낌의 가구가 잘 어울리기 않을 수 있다. 식물이나 러그로 분위기를 살린다.

중고 철재 가구로 분위기를 통일했다

첫눈에 반해 구입한 외국산 중고 철재 가구에는 옷이나 수건을 정리한다. 각진 모양에 중고 가구 특유의 거친 느낌이 더해져 상당히 묵직해 보인다. 긴 의자와 옷걸이는 철재 수납장에 맞춰 거친 느낌이 나는 중고품을 골랐다. 침대는 다리가 튼튼한 나무 재질로 골라 따뜻한 분위기를 연출했다. 모두 각진 모양이다.

가구의 모양을 맞춰 세팅한 인테리어 ③

1. 고풍스러운 라운드형 나무 의자

2. 의자와 어울리는 둥근 테이블

3. 철재 프레임의 유리 장식장

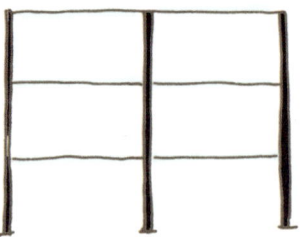

➡ **완성**

라운드형 의자와 유리장이 세련된 느낌을 주는 프랑스풍의 식탁 공간.

라운드형 가구들로 분위기를 맞췄다

앤티크 숍에서 구입한 의자의 곡선형 등받이에 맞춰 테이블도 둥근 모양을 골랐다. 사이드 장식장은 고풍스러운 의자와 어울리는 디자인을 찾다가 철재 프레임의 유리 장식장을 선택했다. 전체적으로 경쾌하고 부드러운 분위기가 나는 식탁 공간이다.

> 디자인이 독특해도 크기가 작으면 다른 가구들과 잘 어울린다.

가구의 모양을 맞춰 세팅한 인테리어 ④

1 독특한 디자인의 명품 커피 테이블

2 유선형의 2인용 소파

3 벽을 꽉 채운 수납장

➡ **완성**

개성 만점의 가구와 심플한 수납용 가구가 모던한 느낌을 준다.

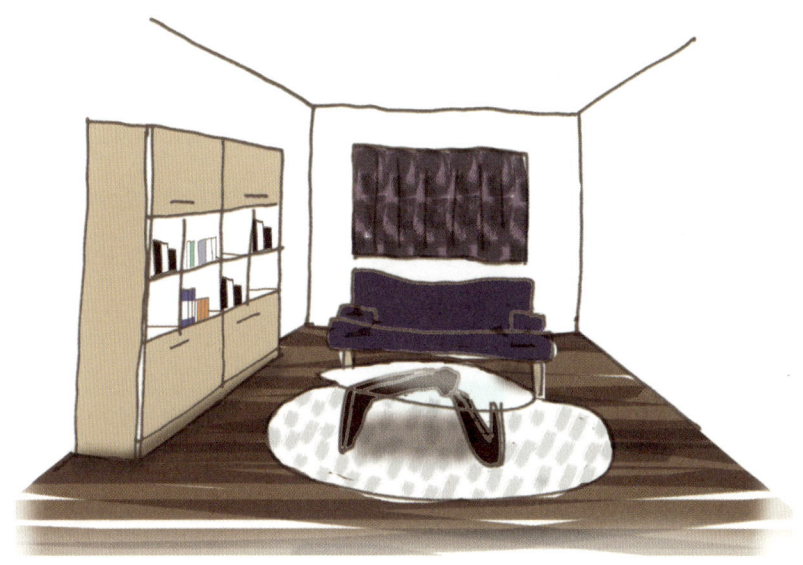

독특한 가구와 심플한 가구를 매치했다

독특한 모양의 다리 위에 차가운 느낌의 유리를 얹은 이사무 노구치의 커피 테이블. 유선형 등받이와 다리가 있는 소파로 테이블과 분위기를 맞췄다. 소파와 테이블이 개성적이어서 수납장은 심플한 디자인을 골랐다.

다양한 가구점을
많이 가본다

비싼 가구든 저렴한 가구든 저마다 장단점이 있다. 가구를 고를 때 가격만 보지 말고 각각의 장단점을 파악해서 선택한다. 부부가 데이트 삼아 가구점 순례를 해보는 것도 좋다. 몇 가지 유형의 가구점을 돌아보면서 가구와 친숙해지는 계기가 될 수도 있다.

가구점 순례는 무작정 돌아다니는 게 아니라 몇 가지 유형을 정해서 다닌다. 첫 번째로 방문할 곳은 백화점이나 가구거리다. 대부분의 브랜드 가구가 모두 전시되어있는 이곳에서 가구의 기본을 익히고, 최근 유행하는 제품은 무엇이고 평균 가격은 어떻게 되는지 체크한다.

두 번째로 가봐야 할 곳은 전문 매장이다. 북유럽 가구나 앤티크 가구, 중고 가구 등을 취급하는 전문 매장에서 디자인과 분위기가 특화된 가구들은 가격이 어느 정도로 높은지 체크해본다. 마지막으로 가봐야 할 곳이 마트나 종합 인테리어 매장, 대형 가구단지 같은 저렴한 곳이다. 이곳에서 가공법이나 소재의 차이가 가구의 분위기에 어떤 영향을 주는지 확인한다.

가구 고르기는 2가지 미션을 동시에 수행해야 하는 고난이도 임무다. 수많은 가구점을 돌아다니면서 마음에 쏙 드는 디자인을 발견하고, 거기다 집에 딱 맞는 크기를 찾아내야 한다. 독특하고 예쁜 가구들을 마음껏 구경할 수 있어 즐겁기도 하지만, 마음에 드는 물건을 찾지 못할 때는 힘들기도 하다. 그래도 정말 만족스러운 것 한 가지를 발견할 때까지 타협하지 말고 찾아본다.

가구점 순례를 해본다

1 종합 가구 매장에서 가격대를 체크한다

먼저 수많은 가구점들이 늘어서있는 백화점이나 가구거리로 가본다. 여기서 가구의 소재와 가격에 대한 기준을 알아본다. 가구를 알고 나면 더 잘 고를 수 있다.

물건을 찾으러 너무 열심히 돌아다니다 보면 지치기 마련이다. 가끔씩 차를 마시며 이 시간을 즐기는 여유도 잊지 않는다.

2 특화된 디자인의 전문 매장에서 안목을 높인다

북유럽 가구, 앤티크 가구, 고급 수입가구 등 디자인이나 분위기가 특화된 전문 매장에 가본다. 저렴한 것부터 조금 비싼 것까지 가격도 다양하다. 유행하는 스타일은 물론 개성 넘치는 스타일도 곳곳에 숨어있다. 이들 가구의 디자인을 관찰하면서 안목을 높이는 한편 대중적인 가구 브랜드와의 차이점, 가격, 도색, 장식 등을 확인한다.

북유럽 가구는 디자인도 우수하고 가격도 경제적이다. 앤티크 가구는 세월이 가도 퇴색하지 않는 멋이 있다. 중고품 전문점도 돌아보며 가공법이나 디자인 등 다른 점이 무엇인지 파악한다. 수입가구점도 몇 군데 들러 눈요기도 해본다. 가격에 얽매이지 말고 디자인을 즐긴다는 마음으로 가볍게 돌아본다.

3 대형 매장에서 장단점을 확인한다

마지막으로 저렴한 가구를 취급하는 대형 매장에서 가구의 장단점을 파악한다. 눈에 잘 띄지 않는 부분도 꼼꼼히 확인한다. 소재는 어떤 것을 사용했는지, 장식은 어떤지도 살펴본다.

가전제품도
중요한 인테리어 아이템이다

가전제품은 대부분 제품별로 각각 개발되기 때문에 통일감을 주기가 어렵다. 보통은 신제품이나 가전회사에서 대대적으로 홍보하는 제품을 사게 되는데, 막상 집에 들여놓고 보면 디자인이나 색깔이 너무 튀어 난감할 때가 많다.

가전제품을 고를 때는 가전제품도 중요한 인테리어 아이템이라는 사실을 잊지 말아야 한다. 진한 색 또는 집 안 어디에도 없는 색이나 모양은 튀기 마련이다. 이런 것은 전체 인테리어와 어울리기 어려우므로 피한다. 가전제품은 다른 가구나 소품들과 어울릴지 생각하며 고르고, 어울리지 않는 것을 구입했다면 다른 곳에 두는 것이 좋다.

알록달록한 전자레인지

동그란 모양의 전기밥솥

집 안 어디에도 없는 색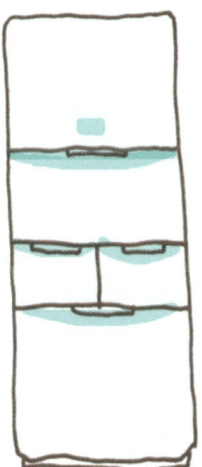

커다란 파스텔 톤의 냉장고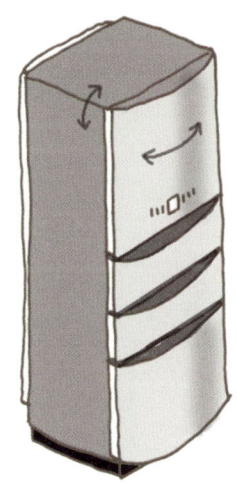

인테리어에 어울리는 가전제품 고르는 요령

냉장고

문이 라운드형으로 둥글게 튀어나오거나 꽃무늬가 화려하거나 색이 짙은 냉장고는 주방에 놓으면 혼자 튀기 쉽다. 다른 주방용품들의 모양이나 크기를 고려해 고르는 것이 좋다.

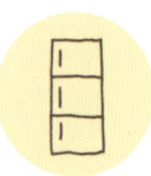

전자레인지

앞쪽 버튼 부분과 손잡이 모양을 중점적으로 본다. 정면밖에 보이지 않으므로 지나치게 꼼꼼하게 고르지 않아도 된다.

전기밥솥

주방 가전제품을 고를 때는 어디에 놓을지 먼저 생각해본다. 잘 보이는 곳에 내놓을 거라면 디자인이 중요하겠지만, 안 보이는 곳에 둘 거라면 디자인은 그다지 중요하지 않다. 어느 쪽이든 최소한 옆에 두는 다른 가전제품과의 조화는 고려한다.

TV

대부분 디자인이 무난해 어느 것을 골라도 괜찮다. 인테리어와 잘 어울리게 하려면 프레임이 좁은 것을 고른다.

선풍기

무더운 여름에 꼭 필요하지만, 예쁜 디자인을 찾기가 쉽지 않다. 몸체와 날개가 인테리어에 사용한 색과 같은 색이면 공간에 잘 어울린다.

가습기

주로 겨울에 쓰는 계절 가전제품이지만, 전체가 다 보이는 만큼 디자인이 예쁜 것을 고른다. 수납공간이 적은 집이라면 보관할 공간을 확보한 다음에 구입하는 게 좋다.

전화기

주로 거실에 놓고 쓰기 때문에 손님들의 눈에도 잘 띄어 어떤 디자인을 골라야 할지 고민되는 아이템이다. 색과 모양이 많이 튀지 않는 것이 좋다.

컴퓨터

요즘은 데스크톱 컴퓨터도 디자인이 세련되고 공간을 많이 차지하지 않아 부담이 없다. 어떤 것을 놓아도 보기에 나쁘지 않다.

세탁기

벽면에 붙여두는 경우가 많으므로 벽과 비슷한 색을 고르면 튀지 않는다. 테두리가 둥근 것보다는 사각형에 가까운 것이 좋고, 버튼 부분은 심플한 편이 낫다.

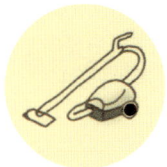

청소기

밖에 늘 꺼내놓는 물건이 아니므로 조금 튀는 디자인이어도 상관없다. 수납 장소를 정한 다음 구입하는 것이 좋다.

우리 집에 **딱 맞는 가구**와 함께 가족의 추억을 만들어요

가구 고르기는 무엇보다 즐거운 일이에요. 새 가구가 놓인 집을 상상하며 가구를 보러 다니다 보면 벌써부터 행복해집니다. 새 가구가 집 안에 들어오면 집도 새집 같아 보여요. 이제 마음에 쏙 드는 가구를 사용하며 가족과 함께 추억을 쌓을 일만 남았네요.

• 리스컴이 펴낸 책들 •

• 요리

대한민국 대표 요리선생님에게 배우는 요리 기본기
한복선의 요리 백과 338

칼 다루기부터 썰기, 계량하기, 재료를 손질·보관하는 요령까지 요리의 기본을 확실히 잡아주고 국·찌개·구이·조림·나물 등 다양한 조리법으로 맛 내는 비법을 자세히 알려준다. 매일 반찬부터 별식까지 웬만한 요리는 다 들어있어 이 책 한 권이면 매일매일 집에서 맛있는 식사를 즐길 수 있다.

한복선 지음 | 352쪽 | 188×254mm | 22,000원

내 몸이 가벼워지는 시간
샐러드에 반하다

한 끼 샐러드, 도시락 샐러드, 저칼로리 샐러드, 곁들이 샐러드 등 쉽고 맛있는 샐러드 레시피 64가지를 소개한다. 각 샐러드의 전체 칼로리와 드레싱 칼로리를 함께 알려줘 다이어트에도 도움이 된다. 다양한 맛의 45가지 드레싱 등 알찬 정보도 담았다.

장연정 지음 | 184쪽 | 210×256mm | 14,000원

그대로 따라 하면 엄마가 해주시던 바로 그 맛
한복선의 엄마의 밥상

일상 반찬, 찌개와 국, 별미 요리, 한 그릇 요리, 김치 등 웬만한 요리 레시피는 다 들어있어 기본 요리 실력 다지기부터 매일 밥상 차리기까지 이 책 한 권이면 충분하다. 누구든지 그대로 따라 하기만 하면 엄마가 해주시던 바로 그 맛을 낼 수 있다.

한복선 지음 | 312쪽 | 188×245mm | 16,800원

먹을수록 건강해진다!
나물로 차리는 건강밥상

생나물, 무침나물, 볶음나물 등 나물 레시피 107가지를 소개한다. 기본 나물부터 토속 나물까지 다양한 나물반찬과 비빔밥, 김밥, 파스타 등 나물로 만드는 별미요리를 담았다. 메뉴마다 영양과 효능을 소개하고, 월별 제철 나물, 나물요리의 기본요령도 알려준다.

리스컴 편집부 | 160쪽 | 188×245mm | 12,000원

맛있는 밥을 간편하게 즐기고 싶다면
뚝딱 한 그릇, 밥

덮밥, 볶음밥, 비빔밥, 솥밥 등 별다른 반찬 없이도 맛있게 먹을 수 있는 한 그릇 밥 76가지를 소개한다. 한식부터 외국 음식까지 메뉴가 풍성해 혼밥으로 별식으로, 도시락으로 다양하게 즐길 수 있다. 레시피가 쉽고, 밥 짓기 등 기본 조리법과 알찬 정보도 가득하다.

장연정 지음 | 216쪽 | 188×245mm | 14,000원

술자리를 빛내주는 센스 만점 레시피
술에는 안주

술맛과 분위기를 최고로 끌어주는 64가지 안주를 술자리 상황별로 소개했다. 누구나 좋아하는 인기 술안주, 부담 없이 즐기기에 좋은 가벼운 안주, 식사를 겸할 수 있는 든든한 안주, 홈파티 분위기를 살려주는 폼나는 안주, 급기만 하면 되는 초간단 안주 등 5개 파트로 나누었다.

장연정 지음 | 152쪽 | 151×205mm | 13,000원

입맛 없을 때, 간단하고 맛있는 한 끼
뚝딱 한 그릇, 국수

비빔국수, 국물국수, 볶음국수 등 입맛 살리는 국수 63가지를 담았다. 김치비빔국수, 칼국수 등 누구나 좋아하는 우리 국수부터 파스타, 미고랭 등 색다른 외국 국수까지 메뉴가 다양하다. 국수 삶기, 국물 내기 등 기본 조리법과 함께 먹으면 맛있는 밑반찬도 알려준다.

장연정 지음 | 200쪽 | 188×245mm | 14,000원

천연 효모가 살아있는 건강 빵
천연발효빵

맛있고 몸에 좋은 천연발효빵. 홈 베이킹을 넘어 건강한 빵을 찾는 웰빙족을 위해 과일, 채소, 곡물 등으로 만드는 천연발효종 20가지와 천연발효종으로 굽는 건강빵 레시피 62가지를 담았다. 천연발효빵 만드는 과정이 한눈에 들어오도록 구성되었다.

고상진 지음 | 328쪽 | 188×245mm | 19,800원

맛과 영양을 담은 피클·장아찌·병조림 60가지
자연으로 차린 사계절 저장식

맛있고 건강한 홈메이드 저장식을 알려주는 레시피북. 기본 피클, 장아찌부터 아보카도장이나 낙지장 등 요즘 인기 있는 레시피까지 모두 수록했다. 제철 재료 캘린더, 조리 팁까지 꼼꼼하게 알려줘 요리 초보자도 실패 없이 맛있는 저장식을 만들 수 있다.

손성희 지음 | 176쪽 | 188×235mm | 14,000원

정말 쉽고 맛있는 베이킹 레시피 54
나의 첫 베이킹 수업

기본 빵부터 쿠키, 케이크까지 초보자를 위한 베이킹 레시피 54가지. 바삭한 쿠키와 담백한 스콘, 다양한 머핀과 파운드케이크, 폼 나는 케이크와 타르트, 누구나 좋아하는 인기 빵까지 모두 담겼다. 베이킹을 처음 시작하는 사람에게 안성맞춤이다.

고상진 지음 | 216쪽 | 188×245mm | 16,800원

• 취미 | DIY

만들기 쉽고 예쁜
심플 원피스
직접 만들어 예쁘게 입는 나만의 원피스. 귀여운 체크 무늬 원피스, 여성스러운 투 컬러 원피스, 편하고 실용적인 A라인 원피스, 우아한 박스 원피스 등 27가지 베이직 스타일 원피스를 담았다. 실물 크기 패턴도 함께 수록되어있어 초보자도 뚝딱 만들 수 있다.

부티크 지음 | 112쪽 | 210×256mm | 13,000원

내 체형에 맞춘 사계절 옷
세련되고 편안한 옷 만들기
가벼운 면 원피스부터 따뜻한 울 바지와 코트까지 품이 넉넉해 편하면서도 날씬해 보이는 24가지 옷을 소개한다. 모든 작품의 실물 크기 패턴을 수록하고 일러스트와 함께 자세히 설명해 누구나 쉽게 따라 할 수 있다. 유행을 타지 않아 언제 어디서나 즐겨 입을 수 있다.

후지츠카 미키 지음 | 118쪽 | 210×257mm | 14,000원

착한 성분, 예쁜 디자인
나만의 핸드메이드 천연비누
예쁘고 건강한 천연비누를 만들 수 있도록 돕는 레시피북. 천연비누부터 배스밤, 버블바, 배스 솔트까지 39가지 레시피를 한 권에 담았다. 재료부터 도구, 용어, 팁까지 비누 만드는 데 알아야 할 정보를 친절하게 설명해 그대로 따라 하면 누구나 쉽게 천연비누를 만들 수 있다.

오혜리 지음 | 248쪽 | 190×245mm | 18,000원

뇌 건강에 좋은 꽃그림 그리기
사계절 꽃 컬러링북
꽃그림을 색칠하며 뇌 건강을 지키는 컬러링북. 컬러링은 인지 능력을 높이기 때문에 시니어들의 뇌 건강을 지키는 취미로 안성맞춤이다. 이 책은 색연필을 사용해 누구나 쉽고 재미있게 색칠할 수 있다. 꽃그림을 직접 그려 선물할 수 있는 포스트 카드도 담ມ 있다.

정은희 지음 | 96쪽 | 210×265mm | 13,000원

여행에 색을 입히다
꼭 가보고 싶은 유럽 컬러링북
아름다운 유럽의 풍경 28개를 색칠하는 컬러링북. 초보자도 다루기 쉬운 색연필을 사용해 누구나 멋진 작품을 완성할 수 있다. 꿈꿔왔던 여행을 상상하고 행복했던 추억을 떠올리며 색칠하다 보면 편안하고 따뜻한 힐링의 시간을 보낼 수 있다.

정은희 지음 | 72쪽 | 210×265mm | 13,000원

• 건강 | 다이어트

반듯하고 꼿꼿한 몸매를 유지하는 비결
등 한번 쫙 펴고 삽시다
최신 해부학에 근거해 바른 자세를 만들어주는 간단한 체조법과 스트레칭 방법을 소개한다. 누구나 쉽게 따라 할 수 있고 꾸준히 실천할 수 있는 1분 프로그램으로 구성되었다. 의사가 직접 개발해 수많은 환자들을 완치시킨 비법 운동으로, 1주일 만에 개선 효과를 확인할 수 있다.

타카히라 나오노부 지음 | 박예수 감수 | 168쪽 | 152×223mm | 16,800원

아침 5분, 저녁 10분
스트레칭이면 충분하다
몸은 튼튼하게 몸매는 탄력 있게 가꿀 수 있는 스트레칭 동작을 담은 책. 아침 5분, 저녁 10분이라도 꾸준히 스트레칭하면 하루하루가 몰라보게 달라질 것이다. 아침저녁 동작은 5분을 기본으로 구성하고 더 체계적인 스트레칭 동작을 위해 10분, 20분 과정도 소개했다.

박서희 지음 | 96쪽 | 215×290mm | 8,000원

라인 살리고, 근력과 유연성 기르는 최고의 전신 운동
필라테스 홈트
필라테스는 자세 교정과 다이어트 효과가 매우 큰 신체 단련 운동이다. 이 책은 전문 스튜디오에 나가지 않고도 집에서 얼마든지 필라테스를 쉽게 배울 수 있는 방법을 알려준다. 난이도에 따라 15분, 30분, 50분 프로그램으로 구성해 누구나 부담 없이 시작할 수 있다.

박서희 지음 | 128쪽 | 215×290mm | 10,000원

영양학 전문가가 알려주는 저염·저칼륨 식사법
콩팥병을 이기는 매일 밥상
콩팥병은 한번 시작되면 점점 나빠지는 특징이 있어 무엇보다 식사 관리가 중요하다. 영양학 박사와 임상영상사들이 저염식을 기본으로 단백질, 인, 칼륨 등을 줄인 콩팥병 맞춤 요리를 준비했다. 간편하고 맛도 좋아 환자와 가족 모두 걱정 없이 즐길 수 있다.

어메이징푸드 지음 | 248쪽 | 188×245mm | 18,000원

영양학 전문가의 맞춤 당뇨식
최고의 당뇨 밥상
영양학 전문가들이 상담을 통해 쌓은 데이터를 기반으로 당뇨 환자들이 가장 맛있게 먹으며 당뇨 관리에 성공한 메뉴를 추렸다. 한상 차림부터 한 그릇 요리, 브런치, 샐러드와 당뇨 맞춤 음료, 도시락 등으로 구성해 매일 활용할 수 있으며, 조리법도 간단하다.

어메이징푸드 지음 | 256쪽 | 188×245mm | 16,000원

유익한 정보와 다양한 이벤트가 있는 리스컴 SNS 채널로 놀러오세요!

블로그
blog.naver.com/leescomm

인스타그램
instagram.com/leescom

유튜브
www.youtube.com/c/leescom

우리 집을 넓고 예쁘게
공간 디자인의 기술

글·그림 가와카미 유키
번역 이예린

인쇄 금강인쇄
개정판 1쇄 2023년 9월 20일
개정판 2쇄 2024년 1월 2일

펴낸이 이진희
펴낸곳 (주)리스컴
주소 서울시 강남구 테헤란로64길 3, 오피스 1201호
전화번호 대표번호 02-540-5192
　　　　　영업부 02-540-5193
　　　　　편집부 02-544-5194
FAX 02-540-5194
등록번호 제2-3348

KEKKON ICHINENSEI NO UFUFUFU INTERIOR KYOSHITSU
©2014 Yuki Kawakami
First published in Japan in 2014 by KADOKAWA CORPORATION, Tokyo.
Korean translation rights arranged with KADOKAWA CORPORATION, Tokyo through JM Contents Agency Co.

이 책의 한국어판 저작권은 JMCA를 통한 저작권자와의 독점 계약으로 리스컴에 있습니다.
신저작권법에 의해 한국어판의 저작권 보호를 받는 서적이므로 무단 전재와 복제를 금합니다.
잘못된 책은 바꾸어 드립니다.

ISBN 979-11-5616-307-7 13590
책값은 뒤표지에 있습니다.